KB182641

AI
시대
—
생존
전략

구글 AI 엔지니어가 공개한 AI 활용 비법

AI 시대 생존 전략

세가 쳉 지음 · 인터뷰 정리 샤오위핀 · 홍민경 옮김

더페이지

차례

PART 01   직장과 업무
AI가 표준이 될 때 개인의 특징은 더 중요해진다

PART 02   학습과 사고
AI와 공존해도 당신의 뇌는 아웃소싱 될 수 없다

IT 천재의 온기로 해소되는 AI에 대한 불안감

2022년 말 챗GPT가 세상에 등장하면서 컴퓨터가 인간의 말을 하고, 자동으로 다양한 콘텐츠를 생성할 수 있게 되었다. 원래 SF 소설에나 등장할 법한 장면이 이렇게 갑자기 세상 사람들 눈앞에 나타나 AI 시대의 도래를 앞당길 줄이야!

세계 각지의 사람들은 장님이 코끼리 다리를 만지듯 AI에 대해 무한한 상상을 펼치기 시작했고, 좋은 AI와 나쁜 AI에 대한 각종 논쟁이 넘쳐났다. AI에 관심이 있는 사람은 자신의 일이 AI로 대체되지는 않을지, AI의 빠른 변화 속도를 따라잡지 못할까 봐 걱정이 가득했다.

오른손으로 창업하고, 왼손으로 글을 쓰는 AI 천재

세가Sega는 국립 대만대학교와 스탠퍼드대학교를 졸업하고 구글 엔지니어를 거쳐 AI 분야의 창업자로 자리 잡은 인재이다. 그의 전문적이고 생동감 넘치는 글들은 많은 대만인의 필독서가 되었고, 기자나 편집자들로부터도 두루 사랑을 받고 있다. 이처럼 그의 책은 AI의 바다에서 불안에 떨고 있는 많은 사람에게 부목 혹은 등대와도 같은 역할을 해 주고 있다.

나와 세가는 오랜 세월 인연을 이어오며 깊은 우정을 나누었다. 그는 2006년 내가 구글에서 근무하던 시절에 인연을 맺은 첫 번째 인턴이었고, 현실에 안주하지 않고 용감하게 창업의 길로 뛰어든 첫 번째 구글 대만 엔지니어이기도 했다. 2020년 나는 구글을 은퇴한 후 세가가 창업한 아이카라iKala에서 과학 기술 이사직을 맡아 지금까지 이어오고 있다.

세가는 그가 쓴 글에서 보여준 모습 그대로 오로지 AI 과학 기술에 모든 열정을 쏟아 부어왔지만, 그가 진정으로 말하고자 하는 것은 '인간의 본성'이다. 더 정확히 말하자면 그는 사람과 사회에 더 많은 관심을 두고 있다. 세가의 작품을 읽으면 온기가 느껴지고, 우리를 짓누르던 압박감이 해소되는 듯한 기분이 전해진다. 그의 이야기는 진정성이 있어 몰입감을 주지만, 그렇다고 해서 불안감을 팔지 않는다.

당신을 대신할 수 있는 것은 AI가 아닌 'AI를 사용할 줄 아는 사람'이다. 이 책의 도입 부분에서 세가는 이런 말로 독자들에게 경고하고 있다. "AI는 직장의 모습을 바꾸고, 새로운 기회도 가져다줄 것이다"

그러나 세가는 AI가 만들어 내는 작품은 인간이 만들어 낸 생명력을 지닌 이야기만큼 감동을 주지 못하고, 직장에서의 성공 여부는 야망과 동기에 의해 결정될 뿐이며, AI가 이런 부분에서 도움을 줄 수 없다고 말한다. 이처럼 독자의 입장에서 격려와 조언을 주는 그의 글은 절대로 AI가 생성해 낸 것이 아니다.

AI로 인한 변화를 손쉽게 풀어내다

만약 2023년을 '생성형 AI의 원년'이라고 한다면, 2024년은 바로 '인간과 기계가 협력하는 원년'이다. AI는 앞으로 직장에서의 동료, 어린아이들의 학습 파트너가 될 것이고, 우리는 모두 기계와 함께 발전하는 방법을 배워나가야 한다. 관습처럼 굳어진 일 처리 방식이나 교육 방식은 모두 변화를 예고하고 있다. 세가의 책에서도 우리는 머지않아 도래할 이런 변혁들을 느낄 수 있다.

스타트업과 기업, AI 생태계의 다양한 변화와 발전에 대해서도 세가는 독보적인 견해를 지니고 있다.

AI 과학 기술을 장악하고 있는 거대 기업$^{Big\ Tech}$의 군사 무기 경쟁은 갈수록 치열해지고, 언론은 앞다투어 그것을 보도하고 있다. 그런 가운데 세가는 자신의 지식과 업무 경험을 바탕으로 일반 AI 엔지니어보다 더 심층적으로 업계의 경합을 파헤치고, 언론 매체조차 걷어 내지 못한 안개와 구름을 떨쳐내며 독자의 궁금증을 해소하고 있다. 기업이 인재와 데이터 부족으로 어려움을 겪고 있는 상황에서 세가의 경험을 바탕으로 AI와 접목시켜 그들에게 더 효과적인 제안을 해 줄 수 있으니 그야말로 천군만마의 역할을 대신해 주고 있는 것 같기도 하다.

디지털 스타트업에 종사하는 입장에서 세가는 후발주자들에게 '거인의 어깨 위에서 자신만의 장점을 찾아내라'고 조언하고 있다. 이 말은 자기 혁신이자 동료들에게 주는 진심 어린 조언이기도 하다.

세가는 창업으로 바쁜 와중에도 새로운 과학 기술에 대한 연구에 매진해 왔고, 나는 그가 자신을 도와 책을 읽고, 창작을 해 주는 AI 프로그램을 몰래 개발한 것은 아닌지 의심이 들기까지 했다. 어쨌든 그가 아이카라 직원들에게 시도 때도 없이 보냈던 수십 페이지 분량의 CEO 보고서를 읽어 보게 된다면 세가처럼 오른손으로 창업하고, 왼손으로 글을 쓰는 데 어느 것 하나 부족함이 없는 천재가 실제로 존재한다는 사실을 믿게 될 것이다.

독자들 입장에서도 이렇게 통찰력 있고 추진력이 뛰어난 작가를 곁에 두고 있다는 것은 정말 큰 축복이다. 그의 글에도 쓰여 있듯이 밤낮으로 AI의 발전을 주시하는 일에 종사하고 있는 사람이라면 누구라도 전문가인 그의 말에 귀를 기울여야 한다. 이처럼 세상이 아무리 빠르게 변하더라도 세가의 깊이 있는 통찰력과 분석력, 그리고 그것을 쉽게 풀어내는 능력만 있다면 독자의 마음도 훨씬 여유로워질 수 있을 것 같다.

아이카라 이사, 구글 대만 전임 전무이사, 젠리펑

AI의 초고속 발전 시대에 변하지 않는 것들

'세상이 빨라져도 마음만은 천천히'라는 말은 진청우金城武(대만의 영화배우)의 광고 대사로 내가 가장 좋아하는 말이기도 하다. 미국의 아마존 창업주 제프 베이조스Jeff Bezos는 늘 자신에게 이렇게 묻고는 했다.

"앞으로 10년 안에 어떤 변화가 있을까?"

그러나 그가 이보다 더 중요하다고 생각하는 질문은 바로 이것이다.

"앞으로 10년 안에 변하지 않는 것은 무엇일까?"

AI는 역사상 유례없는 속도로 발전하고 있고, 내가 이 책을 다 쓰는 동안에도 많은 정보가 이미 갱신되어 있을지도 모른다. 더 진보한 대형 언어 모델이 등장하고, 더욱더 인간의 모습과 흡사한 로봇이 놀라운 능력을 보여주고, 관리 감독 기관은 과학 기술 기업의 AI 발전에 더 적극적으로 개입한다. 이처럼 눈 깜짝할 사이에 빠르게 변하는 세상을 마주하며 나는 독자들 역시 나와 마찬가지로 매일 미래의 변화에 대해 알 수 없는 불안감에 휩싸여 있을 거라고 본다. 그리고 이런 시기에 제프 베이조스의 말이 우리에게 중요한 지침이 되어 줄 수 있다.

"우선 편하게 누워 관망하는 편이 더 낫다"

많은 사람이 매일 일어나는 미세한 변화를 포착하고, 이런 변화에 즉각적인 반응을 보이며 매일 계속해서 '대응 방안'을 만들어 내야 한다고 생각한다. 그러나 이렇게 많은 변화가 짧은 시간 안에 동시에 발생한다면 이런 노력은 무용지물이 될 뿐 아니라 방향을 잃고 에너지만 소모하게 만들기 쉽다.

AI의 발전 속도를 따라잡으려는 이러한 상황과 마주한 후, 나는 생성형 AI가 막 대중화되기 시작했을 때 "우선 편하게 누워 관망하는 것도 좋은 전략이다"라고 말했었다. 변화가 여전히 급격하게 진행되고 있는 상황에서 너무 일찍 그 변화 속에 뛰어들면 도리어 시간과 자금을 낭비할 수 있기 때문이다.

당신이 모델 1.0을 배포하고 있을 때 더 강력한 모델 2.0이 몇 주 후에 돌연 등장했다고 생각해 보라! 이런 상황에서 당황하지 않을 사람이 과연 존재할까? 지금 돌이켜 보면 모든 상황이 이 말을 입증하고 있다. 현재 AI 모델의 세대교체 속도는 일반 기업의 배포와 도입 속도로는 도저히 따라잡을 수 없을 만큼 빠르게 질주하고 있다.

그렇다면 우리는 어떻게 해야 할까? 답은 바로 변화가 필요하지 않은 핵심 가치를 찾아내고 그것에 초점을 맞추는 것이다.

트렌드가 형성되었다면 이미 늦은 것이다

이 책에서 나는 AI가 부가가치 기술이고, AI를 이용해 완전히 새로운 비즈니스 모델을 만들어 내는 것은 매우 어려운 일이라고 거듭 강조하고 있다.

그렇다면 당신은 매일 AI 기술의 변화와 발전만 주시하지 말고(이런 일은 나에게 맡기면 된다), 이 새로운 발전 속에서 전혀 새로운 비즈니스 모델을 만들어 내려고 하지도 말며, '변하지 않는 자신만의 핵심 비즈니스 모델이 무엇인지 찾아내 그 부분을 확고히 굳히고, AI의 새로운 진전이 기존 비즈니스 모델의 가치를 더해줄 수 있는지' 물어야 한다. 만약 가치를 더해줄 수 없다면 변하지 않는 것으로 변화에 대응하면 되니 크게 걱정하지 않아도 된다.

모든 과학 기술 업체가 모두 이와 같고, 당연히 우리 역시 예외가 될 수 없다. 구글, 아마존, 메타, 애플 등의 기업은 모두 AI를 이용해 기존의 비즈니스 모델의 가치를 더해주고 있다. 그들 역시 하루 종일 변화를 주시하며 새로운 비즈니스 모델을 만들거나 기존의 모델을 돌연 바꾸지 않는다. 기존의 모델 속에 그들의 불변의 가치가 있기 때문이다.

많은 창업자가 AI 혹은 과학 기술의 새로운 발전과 마주할 때면 늘 당장 그 프로젝트에 뛰어들어 트렌드를 쫓아야 한다고 생각한다. 사실상 트렌드가 이미 형성되었다면 그것을 따라잡기는 이미 늦었다. 그 트렌드를 이끄는 사람도 자신의 강점을 보여주기 위해 오랫동안 노력을 쏟아부었기 때문이다. 당신이 지금 보고 있는 것은 하루아침에 이루어진 결과물이 결코 아니라는 말이다.

그래서 모든 것은 절대 변하지 않는 성공의 기본 원칙으로 회귀해서 바라보아야 한다. 그것은 바로 '낙관', '진취적 정신', '평생 학습', '끊임없는 노력' 등이다. 이러한 불변의 원칙들은 우리가 반드시 지켜야 하는 것들이다.

마지막으로 가장 중요한 것은 과학 기술의 발전은 늘 인간의 본성을 벗어나거나 위배해서는 안 되며, 반드시 인간이 그 중심에 있어야 한다. 인간의 본성은 수만 년 동안 변한 적이 없고, 우리는 수만 년 동안 변하지 않는 인간의 수요를 만족시키기 위해 과학 기술을 사용해 왔으며, 시대에 따라 그 형태가 조금씩 달랐을 뿐이다. 그래서 당신이 사람을 중심으로 생각할 수 있어야만 세상의 과학 기술이 아무리 빠른 속도로 변하더라도 이 세상의 불변성invariant을 더 잘 찾아내고, 자신이 무엇을 움켜쥐어야 하는지 알 수 있다.

나는 과학 기술과 AI에 대해 줄곧 이원론적 사고로 계속해서 고민해 왔다. 한편으로는 기술의 한계가 어디인지, 또 그 기술이 인류를 어디로 데려다줄 것인지에 대해 알고 싶었고, 다른 한편으로는 기술이 극한까지 발전하면 도리어 미지를 탐색하고 싶은 인간의 진취적 정신이 사라지지 않을까 우려했다.

인류의 역사는 매번 과학 기술이 진보할 때마다 세상의 중요한 것들에 대해 다시금 돌아보며 성찰하게 했고, 이번에도 예외는 아니다.

AI의 최근 성과는 인류가 다시 한번 중요한 문제에 질문을 던지게 만들었다.

"인간의 의식은 도대체 무엇인가?"
"AI는 의식을 가지고 있을까?"

AI를 만들며 인성을 논하자

의식은 과학이 도달할 수 있는 최후의 경계선이고, 인류가 기계와 대비되는 마지막 방어선일지도 모른다.

나는 최근 들어 AI의 발전이 우리의 유물론적 신념을 강화하는 것은 아닌지 걱정이 되었다. 즉, 세상은 물질의 조합으로 이루어진 것에 불과하고, 의식은 인간의 환각일 뿐이라 전혀 신비로울 것이 없다고 여기는 생각들이다. 이런 생각은 미지를 탐색하고자 하는 우리의 의지를 약하게 만들 뿐 아니라 모든 것을 운명으로 치부해 버리는 숙명론에 빠져들게 만들 수 있다. 나는 이것이 상당히 위험한 일이라고 생각한다.

나는 과학 기술과 인문을 둘 다 견지하는 이원론적 사고를 지녔기에 과학 기술과 이성의 논의가 서로를 보완하고 편파적이지 않아야 한다고 늘 주장해 왔다. 과학 기술에 대한 전문성은 강하지만 인문학 자질이 부족한 사람은 과학 기술을 잘못 사용해 타인을 해칠 수 있고, 심지어 그런 위험천만한 행동을 아무렇지도 않게 생각할 수 있다.

반대로 공감 능력과 다양한 소프트 스킬을 가진 사람은 과학 기술을 활용해 인류 사회에 긍정적인 영향을 미친다. 이것 역시 내가 이 책에서 생성형 AI를 거론하며 인문학적 소양을 거듭 강조하는 이유이기도 하다.

'AI를 만들며 인성을 논하자'는 나의 인생 좌우명이기도 하다.

만약 이 책이 이렇게 급변하는 시대 속에서 당신에게 조금이나마 도움과 지침이 될 수 있다면 그것만으로도 나에게는 엄청난 영광이 아닐 수 없다.

아, 그리고 이 책에는 생성형 AI를 활용해 쓴 글이 하나도 포함되어 있지 않다. 적어도 지금까지는 인간이 창작할 때 가능한 한 순수한 장인정신을 지켜주기를 바라며, 책 속의 한 글자, 한 문장을 자기 손으로 직접 써 내려갔다는 만족감을 마음속으로 느끼기를 바라고 있다.

나는 이것이 바로 우리와 AI의 가장 다른 점 중 하나라고 믿는다.

여러분이 이 책을 좋아해 주기를 바라며 이 글을 마친다.

저자이자 AI 전문가, iKala 공동 설립자 겸 CEO, 세가쳉

PART

01

직장과
업무

AI가 표준이 될 때
개인의 특징은 더 중요해진다

CHAPTER 1

AI를 다룰 줄 아는 자가
당신의 자리를 노린다

> 직장에서 오래 살아남고 싶다면 AI를 보조 수단으로 적극 활용하고, AI의 발전을 예의 주시해야 한다.

AI로 인해 일자리를 빼앗길까 봐 걱정하는 사람이 많아졌다. 나 역시 이런 불안감의 확산을 충분히 이해한다. 다만 이러한 심리는 AI에 대한 잘못된 접근법과 핵심을 벗어난 인식 때문에 더 커질 수 있으니 주의가 필요하다.

만약 타임라인을 따라 산업혁명과 컴퓨터 혁명이 일어났던 시기로 거슬러 올라가서 그때를 지금의 AI 혁명과 비교해 보면 기술의 진보가 모두의 우려와 달리 아주 서서히 그 시대를 잠식해 나갔다는 것을 알 수 있다. 더불어 일류 사회는 이 새로운 기술에 적응하는 방법을 찾아 나가며 리스킬^{reskill}(기존의 기술이나 역량의 강화 - 역자)과 업스킬^{upskill}(새로운 기술과 업무 능력의 습득 - 역자)을 통해 끊임없이 발전을 이어왔다.

예를 들어 헨리 포드^{Henry Ford}가 자동차를 발명하기 전까지 인류는 마차를 이용했다. 그런데 세계 최초의 자동차로 불리는 'Model T'가 탄생하고, 대량 생산이 이루어진 후부터 전혀 다른 세상이 펼쳐졌다. 교통 혁명이 순식간에 휩쓸아치면서 사람들은 지금까지 마차로 갈 수 없었던 무수히 많은 곳을 자동차를 타고 이동할 수 있게 되었다. 한발 더 나아가 교통 혁명은 관광 산업의 발전으로 이어졌고, 더 많은 일자리를 창출하는 견인차 구실까지 해냈다.

AI로 인해 일자리를 빼앗길까 봐
두려워하지 마라

비슷한 사례는 금융업계에서도 등장했다. 현금자동인출기^{ATM}가 처음 나왔을 때 사람들은 이제 은행이 사라지고, 창구 직원도 일자리를 잃게 될 거라고 하나같이 입을 모았다. 하지만 결과는 어땠을까? 알다시피 지금까지 그런 일은 일어나지 않았다. 도리어 은행은 '서비스 업종'으로 전환되어, 입출금 거래와 대출 처리에 그치지 않고, 재테크 플랫폼이자 생활 밀착형 창구로 탈바꿈했다.

그런 의미에서 AI 시대도 같은 맥락으로 바라볼 필요가 있다. 최근 강연을 할 때마다 내가 늘 잊지 않고 하는 말이 있다.

"AI는 여러분의 일자리를 하루아침에 없애거나 빼앗아가는 존재가 아닙니다. 그것은 지금까지 인간이 늘 해왔지만, 그 역할이 점점 미약해지고 축소되는 업무를 단계적인 구조조정과 해체를 거쳐 대신하게 될 뿐입니다."

우리는 AI가 업무에 미치는 영향을 고민할 때 'AI가 어떤 일자리를 차지하게 될까?'에 초점을 맞추는 것이 아니라 'AI가 어떤 '임무'를 대신할 수 있을까?'를 먼저 질문해야 한다.

AI는 단순하고 반복적인 업무를 대신할 수 있고, 강력한 추리 능력을 보여주지만, 협력과 조율, 의사 결정, 관리 영역을 대신할 수는 없다.

현 단계에서 AI의 발전은 마치 양날의 검과 같고, 산업별, 직위별로 영향을 미치는 점도 역시 다르다. 예를 들어 데이터 처리, 반복적인 수작업과 같은 업무처럼 AI로 충분히 처리 가능한 일은 당연히 빠른 시일 내에 로봇으로 대체될 것이다. 그렇다 해도 지나치게 비관할 필요는 없다. 협력과 조정, 의사 결정, 관리처럼 '인간이 현장에 있어야 하고, AI로 대체할 수 없는 일'이 아직 많이 남아 있기 때문이다.

2023년 7월, 미국 닐슨 노먼 그룹Nielsen Norman Group에서 발표한 보고서「AI가 직원의 생산성을 66% 상승시킨다AI Improves Employee Productivity by 66%」에 따르면, 생성형 AIGenerative AI(기존 데이터를 바탕으로 새로운 콘텐츠를 생성하는 인공지능 기술-역자)의 영향을 가장 많이 받는 세 가지 분야는 바로 '고객 서비스', '콘텐츠 생성', '프로그래밍'이다. 통계 결과를 보면 그중 고객센터 직원은 챗봇Chatbot(인공지능 기술을 바탕으로 인간의 대화와 가장 유사한 방식으로 소통하는 컴퓨터 기술-역자)을 활용해 생산성을 20% 향상했고, 콘텐츠 생산과 정보 교환을 담당하는 디지털 실무자는 생성형 AI 툴을 활용해 서류 작성, 번역, 브리핑 및 회의록 정리를 진행한 후 업무 생산성을 70% 증가시켰다.

AI가 가장 강력한 힘을 발휘한 분야는 편집 프로그래밍이었다. 이 분야에서 생성형 AI는 소프트웨어 엔지니어의 생산력을 125%까지 끌어올리도록 도울 수 있다. 쉽게 말해서 엔지니어가 기존에 코드 한 줄을 작성하는 데 걸리는 시간 동안 AI는 두세 줄을 작성할 수 있게 된 셈이다.

더 깊이 파고들어 관찰해 보면 생성형 AI가 고객센터 직원, 디지털 실무자, 소프트웨어 엔지니어의 생산력을 현저히 높였다는 것을 알 수 있다. 하지만 그렇다고 해서 그들의 일이 AI에 완전히 대체 됐을까? 챗봇의 채팅 능력이 그렇게 뛰어나면 고객 서비스를 담당하는 직원들은 전부 실직자가 되어야 하지 않을까?

지금까지의 결과를 놓고 본다면 그런 일은 절대 일어난 적이 없으니 다들 안심해도 좋을 듯싶다.

고객센터 직원의 업무 내용을 보면 고객이 원하는 정보를 정확히 답변해 주어야 하고, 특히 고객의 불만 사항을 처리할 때 더 조심스럽게 대처하며 고객의 마음을 다독일 줄 알아야 한다. 만약 이런 세부 프로세서에 챗봇을 활용한다면 어떤 결과가 나올지 예측할 방도가 아직은 없다.

챗봇은 천문과 지리처럼 방대한 지식을 알 정도로 똑똑하지만, 그저 지시에 따라 일을 처리하는 로봇에 불과하다. 그렇다 보니 아무리 말솜씨가 뛰어나고, 사람과 거의 다를 바 없이 행동하는 챗봇일지라도 고객에게 헛소리를 할지 안 할지 누구도 확신할 수 없다. 그래서 기업과 브랜드는 챗봇을 고객 서비스 응대로 활용하는 것에 대해 아직 주저하는 경향을 보인다. 사실 어느 누가 고객의 기분을 상하게 할지 모를 위험 부담을 떠안고 싶겠는가?

이로써 AI가 '전체' 업무를 직접 대체할 수 없다는 것만은 확실해졌다. 다만 AI는 업무의 구조조정과 특정 '임무'를 대체할 정도의 위력을 지니고 있다. 예를 들어 디지털 실무자가 문서 작업을 완료하려면 일반적으로 아이디어 구상, 초안 작성 및 편집의 3단계를 거쳐야 한다. 마케팅 직원과 문서 작업자에게 가장 고통스러운 것은 '아이디어 구상'을 해야 하는 첫 단계일 것이다.

커피 원두를 파는 고객을 도와 마케팅 광고를 기획한다고 가정했을 때, 도대체 어떤 주제를 내놓아야 할지, 콘티는 어떻게 짜야 할지부터 고민하기 마련이다. '시작이 반'이듯 처음이 가장 머리를 쥐어짜야 할 순간인 것이다.

AI가 빠르고 편리하다면
쓰지 않고 버틸 수 있을까?

이런 질문과 관련해서 나는 항상 물리학의 '정지 마찰력'을 예로 들어왔다. 정지 마찰력은 운동 마찰력에 비해 훨씬 강하다. 일례로 나무토막을 앞으로 밀었을 때 나무토막과 바닥의 접촉면에 생기는 저항력이 커지므로 처음에는 많은 힘이 필요하다. 그러다 그 나무토막이 힘을 받아 스스로 미끄러지며 움직이기 시작하면 앞으로 나가는 힘을 유지하기 위해 써야 할 힘의 강도 역시 상대적으로 줄어든다.

챗GPT ChatGPT, 제미니 Gemini처럼 아이디어 제공과 문서의 초안 작성에 특히 강점을 지닌 생성형 AI 툴이 바로 정지 마찰력을 빠르게 극복하는 열쇠인 셈이다. 이런 수단은 기존에 우리가 사용해 온 챗봇과 확연히 다르다. 기존 챗봇은 고정 메뉴만 제공할 뿐이고, 그 이상의 것을 수행할 수 없다. 그에 반해서 챗GPT의 활용도는 무궁무진해서 창의적 사고만 받쳐주면 그것과 밤

새 이야기를 나눠도 전혀 문제 될 것이 없다.

만약 영감의 자극이 필요할 때 챗GPT를 열고 열 개의 아이디어를 제공해달라고 직접 요구하거나, 인터뷰 초안이나 문서 작성을 해달라고 지시만 하면 챗GPT가 자동으로 한 무더기의 결과물을 쏟아내는데, 그 전 과정은 실제 사람을 상대로 토론하는 것과 매우 흡사할 정도다. 문서의 내용을 완벽하게 수정하고자 할 때도 챗GPT는 문법을 교정해 주고, 문맥이 더 매끄러워지도록 도와준다(다만 챗GPT는 그 결과물에 대한 책임을 지지 않는다는 사실을 명심해야 한다. 조력자에 불과하니 전적으로 모든 것을 의존하면 안 된다). 사실 이런 연결고리만으로도 챗GPT는 이미 천지가 개벽할 만한 수준의 변화를 가져왔다.

2023년 미국 매사추세츠 공대^{MIT}는 「생성형 인공지능이 생산성에 미치는 영향에 대한 실험적 증거Experimental Evidence on the Productivity Effects of Generative Artificial Intelligence」라는 제목의 논문을 발표했다. 연구진은 인간과 생성형 AI가 함께 아이디어 짜기, 초안 잡기, 편집과 수정의 3단계를 거치는 실험을 진행했고, 그 결과 생성형 AI가 영감과 자극을 줄 경우 인간이 아이디어 짜기와 초안 잡기의 두 단계에서 소모하는 시간을 줄일 수 있다는 것을 알 수 있었다. 최종 결과만 놓고 봤을 때 인간과 AI가 함께 문서 작업을 완료하는 데 걸린 시간은 AI를 사용하지 않을 때보다

37% 단축된 것으로 나타났다.

이것은 무엇을 의미할까? 물론 생성형 AI가 임무를 세분하고, 재구성하는 모든 과정마다 작업 시간을 절약하도록 도와줄 수는 없다. 그중 일부는 시간을 절약할 수 있겠지만, 어떤 업무에는 더 많은 시간이 걸릴 수도 있다. 그것은 마치 교사가 직접 글을 쓸 때보다 학생들의 글을 수정할 때 더 많은 시간을 쏟아부어야 하는 이치와 흡사하다. 그러나 결과적으로는 AI와의 협업에서 작업을 완료하는 데 드는 최종의 시간은 단축된다.

모든 과정에서 AI가 시간을 절약하도록 도와줄 수 없다고 해도 결국 작업 결과물의 품질은 향상된다. AI는 이미 빠르고 유용할 뿐 아니라 사용 원가도 지속적으로 낮아질 것으로 전망되는 만큼 궁극적으로 저렴하면서도 효율성이 높은 생산도구가 될 것으로 보인다.

이 점이 바로 다들 '당신을 대체할 수 있는 것은 AI가 아니라 AI를 사용하는 사람들이다'라고 한목소리를 내는 이유이기도 하다.

직장인은 생성형 AI가 정확한 업무 성과를 만들어 내기 위해 존재하는 것이 결코 아니라는 사실을 먼저 인지해야 한다. 만약 이런 기대를 품고 생성형 AI를 사용한다면 당신은 그것의 기능을 완전히 오해한 셈이다. 생성형 AI의 설계와 운영은 당신을 이

해하고, 상호작용을 통해 영감과 아이디어를 제공하기 위해 고
안되었다. 그렇다 보니 그들의 아이디어가 정확하지 않을 수 있
고, 심지어 관점도 다를 수 있다. 이력서 작성을 예로 들어보자.
챗GPT는 경력을 더 화려해 보이도록 작성해 줄 수 있지만, 그것
을 위해 가짜 경력까지 만들어 내지 못한다. 그것은 진짜 당신이
아니기 때문이다.

챗GPT를 업무의 기본 장비로 삼아보자

　나 역시 대내외적으로 수없이 소통하며 기록하고, 강연 틀을
짜고, 페이스북에 글을 올리는 업무의 일상 속에서 챗GPT를 '기
본 장비'로 삼고 난 후 많은 것이 달라졌다. 먼저 강연의 틀을 짜
고, 기사를 작성하기에 앞서 챗GPT에게 내가 소통해야 하는 대
상이 누구인지, 어떤 분야에서 일하는 사람인지 상세하게 알려
주고 있다. 그러면 챗GPT는 이에 근거해 꽤 괜찮은 제안을 해
준다. 이뿐 아니라 영어로 기록해야 할 때도 챗GPT에게 교정을
요청하고 있다. 사실 그 과정에서 나는 완벽한 문장을 쓰는 법과
더 정확한 단어 사용법을 배울 수 있었으니 이 기본 장비를 통해
꽤나 이득을 봤다고 할 수 있다.

　사실 챗GPT는 단지 인간을 보조하는 역할만 하는 도구가 아
니다. 당신이 온갖 방법을 총동원해 챗GPT와의 상호작용을 시

작하기만 하면 그것은 당신에게 거의 모든 것을 가르쳐 줄 수 있다. 이는 챗GPT가 수많은 전문가와 전문 지식 그리고 대량의 자료에서 추출한 지혜의 결정체이기 때문에 가능한 일이다.

내가 경영하고 있는 아이카라ikala(대만의 디지털 마케팅 솔루션 업체)의 사례를 말하자면, 챗GPT가 출시된 이후에 생성형 AI는 생소한 개념에 불과했고, 사람들은 AI가 문자와 그림을 빠른 속도로 생성할 수 있다는 사실조차 알지 못했다. 그래서 나도 먼저 일선 관리자들을 동원해 의무적으로 이것을 시험 사용하며 그 쓰임을 알아가도록 압력을 가했고, 더 나아가 챗GPT를 일상 업무에 응용할 방법을 찾고, 각 부서에서 그것을 활용해 업무 프로세서를 최적화할 수 있는지 고민하도록 지시했다. 당시 직원들은 프로젝트 보고서를 나에게 올렸고, 그중에는 챗GPT를 활용해 보고서를 작성한 직원도 있었다. 나는 이렇게 열린 마음으로 시도를 하며 새로운 것을 알아 나가는 과정이 무척 마음에 들었다.

이런 틀이 잡히고 나면 일부 회의나 작업 현장에서 수치화된 정확한 답이 필요한 경우를 제외하고 직원들에게 챗GPT를 사용해 본 적이 있는지 물어볼 수 있게 된다.

예를 들면 그들은 내부 프로젝트 명칭을 정해야 할 때 챗GPT에게 몇 가지 아이디어를 요청할 수 있고, 보도자료를 작성할 때도 챗GPT에게 틀을 잡아 달라고 요청할 수 있다. 또한 운영회의에서 어떤 사항을 보고하고, 어떤 지표를 열거해야 하는지 고민될 때도 나는 직원에게 챗GPT를 통해 의견을 제시하라는 요청을 할 수 있고, 그 결과 대다수 전문직 종사자가 운영회의에서 프레젠테이션할 때 어떤 식으로 하는지 일목요연하게 확인해 볼 수 있다. 당연히 챗GPT는 우리를 위해 필요한 정보를 전부 열거해 주고, 완벽하고 상세하게 정리까지 해 줄 것이다.

내가 방금 이야기한 이 정보와 콘텐츠를 직원들이 구글을 통해 검색할 수 있을까? 당연히 가능하다. 구글을 검색하면 누군가 공유하기 위해 올린 '운영회의에 참석할 때 주의해야 할 세부 사항', 예를 들어 재무 수치, 팀 상황 보고와 관련된 내용이 올라와 있을 것이다. 그러나 내가 원하는 것은 정확한 답이 아니라 대략적인 틀과 초안일 뿐인데 왜 인터넷에서 시간을 허비하며 구글링을 해야 할까? 구글을 이용하게 되면 원하는 자료를 찾고, 정보를 필터링하고, 섹션별로 복사해서 붙이고 정리해야 하지만, 챗GPT를 활용하면 1초도 안 돼서 원하는 정보만 선별해 열거해 준다. 이보다 더 빠르고 효율적인 방법이 또 있을까?

직원들이 점진적으로 생성형 AI를 받아들이고 난 후 우리는 아이카라의 내부 웹사이트에 플랫폼을 구축해 외부 네트워크와 연결되지 않은 안전한 상황에서 직원들이 자유롭게 챗GPT와 유사한 생성형 AI 그림 생성 툴 미드저니Midjourney(텍스트에 대응해 디지털 이미지를 생성하는 소프트웨어 - 역자)를 활용해 콘텐츠 제작을 위한 문구나 아이디어를 구상하고, AI 그림을 생성하고 있다. 심지어 생성형 AI는 우리를 대신해 메일을 쓸 수도 있다(아직까지는 영어 위주로 작성된다).

예를 들어 고객에게 답장을 보낼 때 먼저 내용의 절반을 입력한 후 생성형 AI에게 뒤의 단락을 이어서 쓰게 하거나 혹은 회의 시간의 조율이나 사과문 작성을 대신하게 할 수 있다. AI는 이런 일을 아주 능수능란하게 처리한다. 솔직히 아시아인 중에는 내성적이고, 표현에 익숙하지 않은 사람이 많은 편인데, 이런 성향의 사람들은 대부분 비즈니스 메일을 쓸 때 렉에 걸린 듯 한참을 고심한다. 이럴 때 생성형 AI와 협력하면 조직을 위해 많은 시간을 절약할 수 있으니, AI의 존재는 회사와 직원을 위해 상당히 유용하고 편리한 도구가 아닐 수 없다.

생성형 AI 툴은 지금까지 발전을 거듭했고, 업무 프로세서에서 이미 상당한 실용성을 구비했다. 유일하게 극복해야 할 마찰력은 도리어 우리 자신의 업무 습관밖에 없다. 그런 의미에서 나는 AI와 함께 성장한 세대가 지금 휴대폰을 사용하는 것처럼 자유자재로 이 수단을 활용하게 될 거라고 과감히 예측해 본다.

AI를 이길 수 없다면 AI가 나를 돕게 만들자

처음 질문으로 돌아가 보자.

'AI가 나의 일을 대신하게 될까?'

앞에서 언급했듯이 지금 단계에서 그 답은 산업 분야와 직군에 따라 달라진다. 현재 일부 온라인 교육업체들은 이미 생성형 AI의 음성 인식, 음성 합성 기술을 활용해 학습자가 가상의 언어 강사와 대화를 나누며 학습을 하도록 온라인 교육을 제공하고 있다. 내 휴대폰에도 AI와 질의응답을 하고, 언어를 학습할 수 있는 앱이 여러 개 깔려 있다. 이 앱들이 제 기능을 잘 발휘한다면 기존에 온라인을 통해 대면 교육을 하던 인력이 다소 감소할 것이다.

하지만 걱정할 일은 아니다. 장기적으로 볼 때 다양한 분야의 인력이 생성형 AI를 활용한 후 해당 분야의 생산력이 큰 폭으로 상승하면 기업 입장에서 인력을 더 충원할 수밖에 없지 않을까? 아이카라의 경우 인력의 과잉 유입이 없고, 중복성이 높은 작업 프로세서도 아니기 때문에 직원들이 AI를 적극적으로 활용한 후에도 인력 감원이 발생하지 않았고, 생산력이 현저히 높아져 사업 규모가 지속적으로 확대되면서 도리어 더 많은 인재를 적극적으로 물색 중이다.

모든 사람이 AI 전문가가 되어 AI의 내부가 도대체 어떻게 작동하는지, 어떤 기술 구조를 채택했는지 알아야 할 필요는 없다. 그러나 조직 안에서 매일 반복되는 업무의 늪에 빠지지 않고 효율을 높이려면 AI를 파트너로 삼아 상호 보완 관계를 맺을 수 있어야 한다. 그러기 위해서는 AI가 자신을 위해 어떤 일을 할 수 있는지, 어떤 문제를 해결해 주고, 어떤 가치를 만들어 낼 수 있는지 늘 관심을 기울여야 한다. 기업도 AI가 모든 직원에게 미치는 영향을 신중히 고려해 직원의 성장 방향을 계획해야 한다.

생성형 AI를 정확하게 이해하고, AI를 보조 도구로 사용할 줄 안다면 언젠가 로봇이 인간의 일자리를 빼앗아 갈 거라는 두려움에서 벗어날 수 있다.

CHAPTER 2
생성형 AI, 어떻게 활용할 것인가

생성형 AI의 등장으로 인재의 불평등과 불균형의 격차는 계속해서 확대될 것이다.

미래의 노동시장은 '강자는 갈수록 강해지고, 약자는 갈수록 약해지는' 이른바 빈익빈 부익부의 양극화 추세로 전환되고, 각종 생성형 AI 수단을 잘 다룰 줄 아는 사람이 더 많은 새로운 기회를 잡는 세상이 될지 모른다.

예전 구글 내부의 직원 교육 과정에 참여했을 때 나는 숙련된 작업자가 되기까지 '의존dependent', '독립independent'과 '상호의존 및 협업interdependent'의 3단계를 거쳐야 한다고 배웠다.

어떻게 '숙련된 작업자'가 될 것인가?

　사실 이 3단계는 어린아이가 성인이 되면서 유치한 사고방식과 행동에서 벗어나 성숙한 모습으로 성장하는 경로와 일치한다. 어린아이는 독립적 생활을 하며 돈을 벌 능력이 없기 때문에 반드시 '남에게 의존하는' 단계를 거치게 되고, 성인이 되어 직업을 갖고 나서야 '독립적 작업'이 가능한 두 번째 단계로 들어선다. 서양의 경우 아이들이 독립적 사고와 문화 속에서 성장해 대학에 들어가면서부터 경제적 독립을 하고, 등록금을 스스로 벌어야 하기에 첫 번째 단계에서 두 번째 단계로 진입하는 기간이 동양인보다 짧은 편이다. 이렇게 두 번째 단계까지 거친 대부분은 '상호 의존 및 협업'이 이루어지는 세 번째 단계로 들어간다. 다시 말해서 이들은 직장 안에서 팀워크를 통해 더 큰 개인적 성과를 낼 수 있게 된다.

　내가 관찰한 바에 따르면 대다수 근로자는 그들의 조직 안에서 모두 두 번째 단계까지 무난히 발전할 수 있었다. 다시 말해서 그들은 독립적인 작업 능력을 갖추고, 몇 개의 지침에 근거해 목표를 달성하기 위한 전략과 절차를 계획할 수 있다. 그러나 대부분 이 단계에서 더는 나아가지 못하며, 때때로 세 번째 단계로 들어서려면 '기회'라는 요소에 의지해야 할 수도 있다.

　그 이유는 바로 두 번째와 세 번째 단계에서 필요로 하는 능력이 완전히 다르기 때문이다. 첫 번째와 두 번째 단계에서 우리의 대다수는 독립적으로 일할 수 있는 개인의 능력을 성장시키는 데 주목하지만, 세 번째 단계까지 발전하려면 강력한 의사소통 능력이 필요하다. 그런데 대다수의 소통 능력은 검증과정을 거친 적이 없고, 본인조차도 자신의 의사소통 능력이 충분한지 알지 못한다.

나는 '숙련된 작업자로 발전'하는 훈련을 받을 때 두 번째 단계인 '독립적 작업'에 머물러 있었고, 당시만 해도 조직 속에서 협업을 진행할 때 나 자신이 특별한 능력을 발휘한다고 느끼지 못했다. 그런데 이런 능력은 타인과의 공동 작업, 좌절과 극복 등 우여곡절을 거쳐야만 점차 자신의 것으로 완성되어 간다. 그러나 시간이 흘러 돌이켜 보니 사실 나는 평소에 비디오 게임을 하면서 이미 숙련된 노동자로 진화하는 3단계를 빠르게 경험한 셈이다. 이것은 일종의 '정신과 시간의 방"'이다.

말 나온 김에 나의 비디오 게임 역사에 대해 짚고 넘어갈 필요가 있을 듯하다(이것에 대해 말하자면 책 한 권을 쓸 수 있을 정도다). 나의 비디오 게임 역사는 이미 30년을 넘겼고, 조이스틱을 등 뒤

• **정신과 시간의 방** : 일본 만화 〈드래곤볼Dragon Ball〉 시리즈에서 나온 말이다. 이 방 안에서 보낸 일 년은 바깥세상의 하루에 해당하며, 그 안에 생활에 필요한 음식, 물, 방이 모두 갖추어져 있다. 이 방에 있으면 시간이 바깥세상보다 느리게 흘러가기 때문에 만화 속 인물들은 이곳에서 수련하며 빠르게 실력을 향상할 수 있었다.

로 잡고도 플레이가 가능할 정도다. 내가 처음 접한 비디오 게임은 〈콘트라 Contra〉였고(지금은 들어본 사람이 거의 없을 것이다), 그 후로 1인용 싱글 플레이어 게임부터 시작해 온라인 게임을 두루 섭렵했다. 군 복무 당시에는 예비역 정보 장교 시험에 합격한 덕에 네트워크를 사용할 수 있는 소규모 부대에 배치되었고, 그곳에서 전략형 게임인 〈에이지 오브 엠파이어 Age of Empires〉를 즐겼다. '숙련된 노동자'의 3단계는 바로 이 과정에 뚜렷하게 녹아들어가 있다.

〈에이지 오브 엠파이어〉를 막 시작할 때 나는 군대 고참에게 게임 방법을 배웠다. 그는 나에게 소와 양을 기르고, 가축을 고기로 바꿔 집으로 가져가기까지의 과정과 채굴과 밭갈이 인력을 배치해 마을 사람들을 먹여 살리는 법을 알려주었다. 사실 이것이 바로 다른 사람에게 의존하는 첫 번째 단계였다.

게임 방법을 터득하고 혼자 게임을 즐기는 단계로 넘어간 후 나는 자신만의 작은 왕국을 건설했고, 부차적인 적과 연합해 주요 적을 공격한 뒤 함께 제삼국을 무너뜨리는 법을 알게 되었다. 이때 '상호의존과 협업'이 등장했고, 나는 전략 게임을 통해 '숙련된 작업자'로 나아가는 세 번째 단계로 넘어갔다. 게다가 그 후에는 더 고급 단계로 진화한 〈스타크래프트 StarCraft〉 시리즈를 통해 시대의 변화에 합류하며 '턴 기반'의 속타형 게임을 즐겼다. 이 게임에서 게이머는 추가적 자원을 운영하며 빠르게 모드를 전환해 게임의 진행 속도를 높일 수 있다.

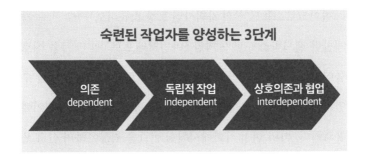

AI 시대의 '슈퍼스타' 효과

어쩌면 당신의 머릿속에 이런 궁금증이 생길 수 있다.

'비디오 게임이 메타 버스를 만들어, 플레이어가 평행우주에서
세 번째 단계로 빠르게 진입하게 하는 것이 AI와 대체 무슨 관련
이 있다는 건가?'

의심할 것도 없이 당연히 관련이 있다. AI 시대가 도래해도 숙
련된 노동자가 되려면 누구나 3단계를 거쳐야 하며, 이것은 불
변의 법칙과도 같다.

한 기업의 리더로서 나 역시 직원들이 모두 숙련된 노동자가
되기를 기대한다. 다만 지금은 도구가 발달했기 때문에 이런 도
구와 AI를 잘 활용할 줄 아는 사람이 비디오 게임을 하는 것보다
더 빠른 속도로 이 3단계를 경험하게 될 것이다.

마이크로소프트^{MS}의 자회사인 모장 스튜디오^{Mojang Studio}가 개발한 샌드박스^{sandbox} 게임 〈마인크래프트^{Minecraft}〉를 예로 들어보자. 이 게임은 프로그램의 논리 회로를 놀면서 공부할 수 있다. 이 게임을 처음 접한 아이는 노는 방법을 모르는 풋내기에 불과하다. 아마 현실 사회에서처럼 이들을 귀찮아하며 신경 쓰지 않는 사람도 있겠지만, 반대로 그 아이를 가르치려는 많은 사람이 생길 것이다. 그리고 아이는 그런 가르침에 의존하며 점차 게임의 룰을 배워나가게 된다. 아이는 독립적인 작업 능력을 갖춘 후 다른 사람과 교류를 시작하고, 친구를 사귀며 다양한 도전을 하게 된다. 그들은 마인크래프트에서 대략 일 년 반의 시간을 보낸 후 자기도 모르는 사이에 타인과의 상호의존과 협업을 통해 성숙한 노동자가 되기 위해 거쳐야 하는 3단계를 완수한다. 다시 말해서 차세대 노동자가 성장하는 동안 AI와 각종 도구를 기꺼이 활용한다면, 그들은 우리가 이전에 배운 속도를 완벽하게 뛰어넘어 업무 성과를 앞지르게 되고, 스스로 추가적인 기회를 만들어 낼 것이다.

나에게 있어 생성형 AI는 예전에 인간이 새롭게 발명한 도구나 기술처럼 하나의 '증폭기' 같은 것이다. 사람들은 왜 손 글씨를 쓰다가 타자기와 키보드를 사용하게 되었을까? 타자기와 키보드를 사용하면 1분에 100글자 이상을 입력할 수 있지만, 우리가 직접 글씨를 쓰면 1분에 100글자 이상 쓰는 것이 불가능하다

(아무렇게나 갈겨쓰는 경우가 아니라면 말이다). 도구를 사용할 줄 알면 생산력이 증폭하고, 작업의 완성 속도와 효율도 더 빨라진다. 지금까지 인간은 여러 가지 새로운 도구를 만들어 냈고, 그 도구가 다시 우리의 일을 완수하도록 조력자 역할을 해왔다.

AI도 마찬가지다. 농업과 산업사회 시대에는 사람들의 작업 능력이 거의 비슷해서 생산력에 별반 차이가 없었다. 그러나 AI 시대에는 '슈퍼스타' 효과가 나타났고, 같은 일을 하더라도 생산력이 높은 사람이 옆 사람보다 열 배 이상 높은 생산성을 보여줄 수 있다.

예를 들어 글솜씨가 뛰어나고 작품을 많이 쓰는 유명한 작가가 생성형 AI의 도움을 받는다면 '다작'에 더 도움을 받을 수 있으니 작품 활동을 더 왕성하게 할 수 있다.

J. K 롤링J. K. Rowling이 AI에게 어떤 단락을 쓰게 한 뒤 자체 편집과 수정을 거쳤다면 생산성이 빠른 속도로 상승해서 〈해리포터Harry potter〉 시리즈는 7권에서 70권까지도 가능해졌을 테고, 관련 사업은 더욱 확장되었을 것이다.

일본 아쿠타가와芥川상은 제170회 선정 결과를 발표했는데, 수상작으로 소설가 쿠단 리에Rie Kudan의 〈도쿄 동정타워Sympathy Tower Tokyo〉를 선정했다. 그녀는 작품 중 5%의 내용에 챗GPT가 만든 문장을 그대로 인용했고, 생성형 AI가 그녀의 잠재된 창의력을 발휘하는 데 도움을 주었다고 솔직하게 밝혔다.

마찬가지로 다른 직업에서도 비슷한 상황이 일어날 것이다.

이미 프로그래밍에 능숙한 엔지니어가 생성형 AI를 다룰 줄 안다면 그의 생산력은 다른 엔지니어보다 몇 배나 클 것이고, 양의 증가뿐 아니라 질적으로도 그에 상응하는 발전이 있을 것으로 본다.

AI의 활용에 따라 양극화는 더욱 두드러질 것이다

그러나 특히 주의해야 할 점은 생성형 AI의 등장과 과학 기술의 지속적인 혁신이 인재의 불평등, 불균형과 같은 양극화 추세를 가속한다는 것이다. 즉, 미래의 인력 시장은 '강자는 더 강해지고, 약자는 더 약해지는' 모양새가 더 뚜렷해질 수 있다.

챗GPT에서 시작된 생성형 AI의 새로운 물결은 점점 거세졌다. 불과 일 년여의 시간 동안 구글, 메타, 마이크로소프트, 아마존 등 거대 과학 기술 기업에서 몇 달에 한 번씩 수많은 사람이 해고되었다. 2003년 1월과 9월, 그리고 2024년 1월에 적어도 세 번의 정리해고가 발표되었다. 일할 사람이 부족한 것이 이미 뉴노멀new normal(시대 변화에 따라 새롭게 부상하는 기준이나 표준-역자)이라고 하지 않았던가? 그런데 왜 이런 거대 과학 기술 기업에서 계속해서 정리해고를 감행하는 것일까? 설마 모든 사람이 가장 걱정하는 것처럼 AI가 인류를 대신하는 악몽이 정말 현실

이 되는 것일까?

그런 문제라면 일단 걱정할 필요가 없다. 소프트웨어 엔지니어는 절대 사라질 리 없고, 완전히 대체될 수도 없다. 앞서 소프트웨어 엔지니어가 한 무더기의 버그를 만들었다면, 그것을 수습할 한 무더기의 누군가가 있어야 한다. 오로지 AI라는 이 증폭기를 잘 활용할 줄 아는지에 따라 동종 업계 혹은 어떤 특정 집단에 속한 사람의 성과와 소득 격차가 점점 더 벌어지면서 양극화된 'M자형 추세'가 만들어질 것이다.

이미 수많은 매체를 통해 알려져 있듯 정보 산업 분야의 저임금 집단은 단순 반복 업무를 하거나 챗GPT를 위해 유해한 내용을 표기하는 '데이터 라벨링 담당자'이다. 높은 임금을 받는 사람은 가장 최고 단계에 있는 프로그래머로 오픈AI ^{OpenAI}(미국의 인공지능 연구소-역자)에서 높은 연봉을 받을 수 있다. 그리고 중간 단계에 있는 소프트웨어 엔지니어 그룹은 점점 줄어들 것이다.

양극화 현상이 갈수록 두드러지는 인력 시장을 보며 솔직히 나 역시 기업주로서 긴장할 수밖에 없다. 디지털화, 디지털 전환이 표준이 되어버린 현실 앞에서 설사 막대한 자금을 투입한다 해도 그 일에 꼭 맞는 인재를 찾을 수 있다고 장담할 수 없다. 이것이 비단 나만의 문제는 아니라고 보며 다른 기업의 리더나 직원들도 이 상황에 어떻게 대처할지 고민하고 있을 거라고 본다.

현재 아이카라의 전략은 인재를 모집하는 데 급급해하지 않는 것이다. 어떤 일에 인력이 부족하다고 해서 절대로 임시방편으로 직원을 구하지 않고, 적합한 인재를 찾을 수 없다면 일을 줄이고, 기존 인력이 감당할 수 있는 업무에 집중하고 있다.

앞으로 직업 전선에서 일하거나 직장을 구하려는 사람들은 향후 학습의 이정표를 세울 때 '빈익빈, 부익부'의 현재 시장 상황을 고려할 필요가 있다. 특히 디지털 기술과 과학 기술 분야 종사자들은 피라미드의 꼭대기에 오르지 않는 이상 성과와 소득 면에서 모두 상대적으로 평범한 집단이 되고, 그 분야에서의 몸값도 높지 않을 것이다.

그러나 내가 누누이 강조했던 것처럼 각 업계의 종사자들이 챗GPT, 제미니, 코파일럿Copilot 등 각종 생성형 AI 도구를 시도해 보고 최대한 활용할 줄 안다면 아마도 자신을 위해 더 많은 새로운 기회를 만들어 낼 수 있을지 모른다.

CHAPTER 3

변하지 않는 것의 가치

생성형 AI가 각양각색의 정보를 빠른 속도로 쏟아낼수록 사람들이 자신의 내면을 탐색할 시간은 상대적으로 더 적어졌다. 그렇다면 자신의 내면을 파악하고 장단점을 보완하는 능력이 필연적으로 더 중요해질 수밖에 없다.

많은 사람이 내게 이런 질문을 할지 모른다.

"아이카라의 인재 선택 조건은 매우 엄격한가요? 어떤 특별한 전문 능력을 갖추어야 하나요? 예를 들어 프로그래밍, 외국어, 다양한 하드 스킬 등이 필요한가요?"

기업이나 사람마다 하드 스킬에 대한 기대치는 다를 수밖에 없다. 다만 아이카라의 경우 하드 스킬에 대한 요구사항은 실제로 그리 높지 않다. 이메일을 주고받고, 라인^{Line}(메신저 앱)을 어떻게 사용하는지 알고, 누군가 구글 문건을 함께 편집하고자 할 때 당황하거나 두려워하지 않을 정도면 된다. 만약 업무 관리 플랫폼 슬랙^{Slack}*, 프로젝트 관리 툴 노션^{Notion}** 등과 같은 협업 소프트웨어를 사용해 보았거나, 혹은 온라인에서 CRM^{Customer Relationship Management}(고객 관계 관리 시스템)을 활용할 줄 알면 더 좋다. 이런 디지털 도구는 마음만 먹으면 빠른 시간 안에 얼마든지 배울 수 있다.

그러나 내가 보기에 AI 시대에 진짜 중요한 것은 하드 스킬보다 '소프트웨어 스킬'이 아닐까 싶다.

인생의 의미를 담아낼 AI는 없다

딸과 함께 예체능 수업에 참여하다 보면 간혹 이런 생각이 들 때가 있다. '지금 이런 걸 배우는 게 무슨 의미가 있지? 이제 AI가

* **슬랙(Slack)** : 업무용 메시지 소프트웨어 제조업체 Slack Technologies가 비즈니스를 위해 특별히 설계한 클라우드 기반 인스턴트 메시지 소프트웨어로 팀이 클라우드를 통해 협업할 수 있도록 만들어준다.
** **노션(Notion)** : Notion Labs, Inc.가 2016년 출시했고, Evernote, Keep와 유사한 온라인 노트로 사진, 오디오 파일, 비디오 등의 콘텐츠를 첨부할 수 있으며, 크로스 플랫폼(Cross Platform)을 지원해 온라인으로 협업할 수도 있다.

미래의 모든 것을 대체하지 않겠어?' 하지만 나의 결론은 늘 '아니오'이다.

이런 첨단 AI 기술은 인간을 보조하는 도구로 사용될 뿐이며, 도구 자체가 만들어 낸 결과물은 큰 의미를 담아내지 못한다. 이에 비해 역사상 수많은 창작자, 예술가는 살아 숨 쉬는 사람의 감정과 욕망, 호기심과 야망을 품고 있고, 이런 감정과 기분이 다양한 삶의 경험으로 축적되고 나서야 비로소 세상에 널리 이름을 알린 고전 작품을 만들어 낼 수 있었다. 이것이 바로 AI가 가질 수 없는 부분이다.

챗GPT가 세상에 나오기 전에 AI는 예술 창작 분야에서 가장 먼저 눈에 띄는 돌파구를 마련했고, 그렇게 만들어진 그림은 전문가가 그린 것보다 더 정교했다. 2016년 세계 굴지의 광고회사 제이 월터 톰슨J. Walter Thompson과 마이크로소프트가 협업해 네덜란드 ING 은행의 마케팅 활동을 위한 아이디어를 구상했다. 그리고 그들은 네덜란드 화가 렘브란트 반 레인Rembrandt Van Rijn 의 그림 300여 점의 데이터를 토대로 'AI 렘브란트'의 작품을 한 폭 만들어 냈다.

렘브란트의 그림은 굉장히 독특한 화풍을 가지고 있고, 그의 작품 속 인물은 늘 콧수염을 기르고 납작한 모자를 쓴 중세의 유럽 백인 남성이었다. 그리고 이 AI 렘브란트가 그려낸 인물 역시 백인 남성이고, 실제 그림처럼 콧수염을 기르고, 납작한 모자를 쓰고 있었다. 이 작품이 전시되었을 때 주최 측은 관람객에게 이 그림을 그린 화가가 누구인지 물었고, 당시 현장에 있던 누군가가 손을 들더니 '렘브란트의 그림'이라고 말했다.

그런데 잠시 후 다들 이 그림에 대해 의문을 품기 시작했다. 화풍만 보면 렘브란트가 확실했지만, 렘브란트는 그런 그림을 그린 적이 없었기 때문이다. 마침내 전시 주최 측이 그 그림의 진짜 화가는 'AI 렘브란트'라고 발표하자 다들 AI가 렘브란트의 화풍을 완벽하게 재현했다며 감탄을 금치 못했다.

이 기사를 접한 많은 사람의 반응 역시 이 정도 선이었을 것이고, 이 이벤트의 화제성은 정말 여기까지가 다였다. 훗날 AI 렘브란트는 전 세계적으로 열풍을 일으켰을까? 사람들은 AI의 다른 작품도 감상하고 싶어 안달이 났을까? 아마도 그런 일은 일어나지 않았을 거라고 본다. 사람들은 어떤 작품을 감상하고 분석할 때 창작자의 이야기와 영감이 어디서 왔는지에 더 관심을 보이기 때문이다. 그런데 AI 렘브란트는 지금까지 살아온 인생의 의미 자체를 작품 안에 담고 있지 않기 때문에 아무리 완벽하게 재현한 작품일지라도 의미를 부여할 방도가 없다.

좀 더 직설적으로 말하자면 로봇이 완성한 논문이나 논술을 읽는 것이라면 모를까 예술 작품을 모방한 그림이라는 것을 안 이상 나 역시 별다른 감흥이 일어나지 않을 것 같다. AI가 만들어 낸 피상적인 작품은 우리의 삶 속에 어떤 공감대도 불러일으킬 수 없기 때문이다. 삶의 이야기가 녹아들어 간 작품만이 그

의미를 부여받고, 이런 의미의 출처는 바로 인간 고유의 다양한 특징으로부터 파생된 경험들이다.

2021년부터 나는 브리지워터 어소시에이츠^{Bridgewater Associates}의 최고 투자 책임자 레이 달리오^{Ray Dalio}의 저서 『원칙^{Principles}』의 영향을 받아 한 달 동안 회사 전 직원을 대상으로 'Sega 사용 설명서'를 완성했고, 그 안에 사회생활을 한다면 반드시 갖춰야 할 비판적 사고, 타인과의 소통, 문제 해결, 목표를 이루고자 하는 의지, 성장 마인드, 팀워크 등의 소프트 스킬을 기록했다. 그리고 이것을 통해 모든 직원이 아이카라의 미래 발전 방향과 방식, 리더의 사고방식과 리더십 스타일에 대해 이해하기를 바랐다. 이 부분에 대한 자세한 내용은 뒤에서 다시 다루고, 여기서는 AI 시대에 직장은 물론 생활 속에서도 적용할 수 있는 몇 가지 중요한 스킬과 마인드에 대해 먼저 이야기해 보고자 한다.

당신이 원하기만 하면 무엇이든 가능하다

나 같은 경우 늘 직원들에게 '어떤 목표를 이루고자 하는 마음'을 가져야 한다고 당부한다.

언젠가 '포켓몬 아저씨'에 관한 기사를 본 적이 있다. 그는 모바일 증강현실 게임 〈포켓몬고^{Pokémon Go}〉를 하며 포켓몬을 잡기 위해 자전거에 휴대폰 72대를 설치한 기인으로 유명했다. 이

남자가 가진 특별한 능력은 무엇일까? 상황 파악력과 순발력이 엄청나고, 하늘을 날아다니거나 땅으로 숨는 능력이라도 지닌 걸까? 아마 그렇지는 않을 것이다. 그는 인터뷰에서 〈포켓몬고〉 게임을 좋아하지만 휴대폰 한 대만 가지고 포켓몬을 잡으려니 속도가 너무 느려서 휴대폰이 여러 대 있으면 좋겠다는 생각이 들었다고 했다. '필요는 발명의 어머니'라는 말처럼 그는 자전거에 휴대폰을 여러 대 거치할 수 있는 장치를 발명하기에 이르렀다. 그는 이렇게 여러 대의 휴대폰으로 게임을 즐기며 다른 게이머들과 정보를 공유했고, 그들이 포켓몬을 잡도록 도와주기 시작했다. 그러다 소문이 퍼지면서 브랜드 협찬을 받게 되었고, 단숨에 72대의 휴대폰을 자전거에 거치하는 경지에 이르렀다. 내가 그에게서 본 가장 강력한 특징은 바로 '목표를 이루고자 하는 마음'이었다.

예전에 콘텐츠 편집자와 평론가로 활동할 때 아무리 열심히 머리를 쥐어짜도 하루에 두 편의 기사를 쓰는 것이 고작이었다. 그런데 지금은 생성형 AI가 주제와 기획을 도와주고, 글의 틀을 잡아주니 생산력이 3배에서 5배까지 늘어났다.

편리한 도구가 계속해서 업그레이드되고 있고, 목표를 이루고자 하는 마음만 있다면 얼마든지 슬래시 워커Slash Worker(한 번에 다양한 일을 하는 사람-역자)가 되어 수입을 늘릴 수 있다. 이처럼 모든 것은 당신이 원하는 바에 따라 결정된다.

기업 리더는 하드 스킬보다 직원들의 의지에 더 관심을 보인다. 그들에게 목표를 이루고자 하는 마음이 있는지, 도구를 활용할 의향이 있는지를 더 신경 쓰는 것이다. 이때 같은 직책에 여러 사람이 지원했을 때 더 강한 목표 의식과 의지, 동기야말로 두각을 드러내는 관건이 된다. 수영 강습을 예로 들어보자. 일단 운동은 시작했지만, 수영을 배우고자 하는 의지가 없다면 그가 아무리 오랜 시간 수영을 배운다고 해도 결국 물에 빠질 수밖에 없다. 이럴 때를 대비해 구명 튜브를 준비하지만, 그것을 붙잡을 의지조차 없다면 그는 절대 살아남을 수 없을 것이다.

당신은 자신을 아는가?

나는 직원들이 '자기 성찰'을 통해 반드시 내면과 외면을 돌아보고 자신이 도대체 어떤 사람인지 알아나가도록 권장한다. 지금 우리는 외부에서 들어오는 수많은 정보를 받아들이고 있고, 생성형 AI조차도 각종 정보를 끊임없이 토해내고 있다 보니 자신을 탐색할 시간이 줄어들 수밖에 없는 환경 속에 살고 있다. 그러나 직장에서 자신의 잠재력을 가장 잘 발휘하려면 바로 자신의 관심사와 장단점을 누구보다 잘 아는 사람이 되어야 한다. 그런 사람일수록 장점을 부각시키고, 단점을 보완하는 방법을 찾는 데 주저하지 않기 때문이다(이때 단점은 완전히 제거할 수도 없고, 그럴 필요도 없다. 단지 그 단점이 우리의 걸림돌이 되지 않게 만들기만 하면 된다). 반면 자신을 제대로 깊이 있게 들여다보지 못한 사람은 아무리 환경을 바꿔도 결국 똑같은 결과와 어려움에 직면하게 된다. 결국 그들은 이 모든 것을 늘 재수가 없고, '운'이 따라주지 않아서 그러는 거라며 자신을 원망할 뿐이다.

나의 경우 내면을 성찰하며 (놀랍게도) 내 자신이 극도로 내향적인 사람이라는 것을 알게 되었다. 사실 늘 강연을 하고 있지만 나라는 사람은 개인적으로 말수가 적고, 심지어 하루 종일 말을 거의 하지 않을 때도 있다. 일 년에 사교 모임에 참석하는 횟수도 손가락으로 꼽을 정도다. 성격이 이렇다 보니 창업 과정에서도 망설여지기 일쑤였다. 나처럼 내향적인 사람이 정말 창업을 할 수 있을까? 사교적이지 못하고, 낯선 사람과 편하게 지내지도 못하는데 어떻게 해야 하지?

이런 의문을 가질 때가 바로 자기 인식의 시작이었고, 나는 그때부터 휴먼 디자인, MBTI, 자미두수紫微豆數(출생 시간에 근거해 개인의 운세와 성격을 분석하는 중국 전통 점술-역자), 별자리, 타로 등 모든 수단을 총동원해 자신을 파악하고, 그 답을 찾기 시작했다. 이런 것들은 당연히 형이상학적이고 현학적인 면을 가지고 있지만, 궁극적으로 모든 사람이 자신을 더 잘 이해할 수 있도록 돕는 보조적 역할을 하고 있다. 일반적으로 사람은 상황이 변한 후에야 비로소 많은 것을 깨닫게 된다. 특히 지뢰를 밟거나 구덩이에 빠지는 등 절망에 빠져봐야 고통이 무엇인지 알게 되고, 그때야 자신을 되돌아보고, 자신이 어떤 사람이 되고 싶은지 생각해 보지만, 이때는 너무 늦은 감이 없지 않다. 나중에 나는

'Sega 사용 매뉴얼'에서 나의 별자리가 쌍둥이자리이고, MBTI 는 INTJ(건축가 타입)라고 밝혔다. 심지어 자미두수에 기초한 운세 분석표를 공유하기까지 했다(모든 직원은 이 부분을 가장 궁금해했을 것이다). 나는 자아 성찰을 한 것도 모자라 나에 관한 모든 것을 직원들에게 알리고 서로의 소통을 촉진시켰다.

몰입을 통해 일의 깊이를 더하자

나는 직접 체험하고 실천하는 것 외에도 '집중력을 유지'하는 데 주목했다. 예전에는 숏폼 영상이 없었기 때문에 집중력을 경쟁력으로 보지 않았을 테지만, 디지털, AI 시대에는 집중력을 갖기가 점점 어려워지고 있다. 마이크로소프트가 2016년에 발표한 보고서에 따르면 인간의 평균 집중 시간은 이미 2000년 12초에서 2015년 8초로 줄어들었고, 이는 금붕어의 9초짜리 집중력보다 짧은 시간이다. 이는 인간의 집중력이 동물보다 형편없어졌고, 고양이와 개조차도 우리보다 차분하다는 것을 의미한다.

이 말을 달리 해석하면 집중력을 유지하고 한 가지 일을 깊이 파고들 수 있다면 곧바로 다른 사람보다 크게 앞서 나갈 기회를 잡을 수 있다는 것이다. 현재 대부분은 지금 진행 중인 임무를 대할 때 모두 서둘러 마무리해 신속하게 전달하는 데 익숙하고, 이는 제품을 개발할 때도 마찬가지이다. 시장에서 아주 작은 변화의 징후가 보이기만 해도 바로 방향을 선회한다면 그 과정에서 축적되는 긍정적인 결과물은 생겨나지 않는다.

반면, 하나에 깊이 집중하면 지식과 경험의 축적이 가능하고, 이어질 방향에 대해 깊이 있게 고민할 수 있다.

나는 몰입 상태에 들어가 중요한 업무를 처리해야 할 때면 휴대폰의 알림 기능을 잠시 꺼놓고, 라인의 메시지와 전화를 모두 무시해 버린다(이러니 친구들이 점점 줄어드나 보다). 어쨌든 이 과정에서 내가 깨달은 바는 집중에 필요한 시간이 그리 길지 않다는 것이다. 하루 두 시간 정도만 투자해도 많은 일을 완료하기에 충분하다.

어떤 목표를 달성하고자 하는 강한 의지, 자아 성찰, 집중력부터 아이카라가 강조하는 여섯 가지 스킬에 이르기까지 이 모든 것은 인간만이 가진 특징일 뿐 아니라 시간과 공간을 초월해 매우 중요하면서도 영원한 가치를 지니고 있다.

우리는 회사 설립 초창기, 아이카라의 가치관을 정립할 때 영원히 변하지 않는 원칙을 찾고 싶었다. 급변하는 AI 시대에 모든 사람이 '무엇이 바뀔지'에 주목할 때 도리어 '변하지 않는 것이 무엇인지'에 초점을 맞추었다. 사실 이런 말 자체가 조금 어불성설이다. 솔직히 변하지 않는 것이 더 가치 있는 것이 아니겠는가? 나는 모든 사람이 마음을 차분히 가라앉히고 당신이 가장 가치 있다고 여기는 소프트 스킬을 찾아내길 권하고 싶다.

CHAPTER 4

직장은 함께 배우는
장場이다

기술의 급격한 발전과 더불어 세대를 뛰어넘는 의사소통과 협업의
중요성이 더욱 부각되고 있다. 그런 의미에서 내가 아이카라 직원
들에게 바라는 바는 나이와 고정된 이미지에 대한 편견을 버리고,
'함께 배운다'는 생각으로 서로의 갭을 메우는 것이다.

지난 몇 년 동안 이 시대의 모든 직장인은 분명 똑같은 문제를
겪었을 거라고 믿는다. 직장 안에서 2~30대와 4~50대, 심지어
60대의 동료와 함께 일하는 것은 이미 흔한 일이 되었다. 그런데
이렇게 나이대가 비슷하지 않은 동료들이 모여 대화를 나누다
가 누군가 무심코 신조어를 내뱉고, 아이돌 스타에 대해 말한다
면 세대 차이 때문에 서로 대화가 통하지 않아 피곤함을 느낄 수
있다. 이런 문제는 일을 할 때 더 두드러지게 나타난다. 같이 일

을 하면서 생각이 너무 다르고 대화가 통하지 않는다면 이만저만 골칫거리가 아닐 수 없다.

세대가 다르면 가치관도 다르다

요즘은 어떤 기업이든 매우 복잡한 세대 차이 때문에 빚어지는 관리와 소통의 문제에 직면해 있다. 인간의 수명이 늘어나면서 고령화 시대가 본격화되었고, 제2차 세계대전 이후에 태어난 베이비붐 세대 중 대다수가 은퇴 후에도 일을 계속하는 추세가 뚜렷해지고 있다. 게다가 앞으로 2010년 이후에 태어난, 생성형 AI에 익숙한 알파 세대Generation Alpha(α 세대)까지 합세하면 한 직장에 '5대'가 공존하는 환경이 만들어지고, 각종 가치관과 작업 습관의 충돌이 불가피해진다. 이것은 인류 역사상 전례가 없는 일이기도 하다.

도대체 어떤 식으로 베이비붐 세대, X, Y, Z 심지어 미래의 α 세대가 한 직장에서 협업할 수 있을까? 이것이야말로 앞으로 모든 회사와 직장인 그리고 나까지도 풀어내야 할 최대 난제가 아닐 수 없다.

예전에는 부모와 자녀 세대를 구분 지을 때 30년을 한 세대의 기준으로 삼았다. 그런데 지금은 과학 기술과 정보의 흐름 속도,

생활습관이 빠르게 변하면서 15년마다 새로운 세대가 탄생하고 있다.

소위 X세대는 1965년부터 1980년 사이의 출생자, Y세대는 1981년부터 1995년에 태어난 사람들을 가리킨다. 이후의 Z세대는 대략 1996년부터 2010년 사이에 태어났다.

지금 아이카라에 근무하는 직원의 평균 연령은 31살 정도이고, Y세대에 비해 그렇게 젊은 축에 속하는 것도 아니지만, 회사에서 드러나는 특징은 아마도 Y세대 습관을 반영하고 있을 것이다. 그러나 나는 이미 복잡하게 얽힌 세대 간 문제와 관리의 필요성을 절감하고 있다.

먼저 세대별로 나타나는 특징에 대해 이야기해 보고자 한다. 나 자신은 Y세대 중에서도 앞 그룹에 속한다. 우리가 자라온 시대는 인터넷이 대중화되지 않았기 때문에 정보의 접근성이 빠르지 않았다. 그래서 그 시대에는 지역 뉴스에 더 관심을 두었고, 세상을 보는 시야가 그리 넓지 않았다. 이 자리에서 살짝 밝히자면 종이책의 촉감을 특히 좋아해 지금까지도 노트에 기록하는 습관이 있다(다들 이런 나를 노땅이라고 비웃을지도 모른다).

디지털 네이티브이자 평면 디스플레이를 보면 저절로 스와이프를 하고 싶어하는 Z세대로 말하자면 다들 독립적 사고와 개성을 강조한다. 이들은 네트워크로 연결된 스마트폰이 상당히 보편화된 환경의 영향을 받아 어릴 때부터 서로 밀접하게 연결된 가상공간 속에서 살면서 국가와 문화의 경계선이 모호해졌고, 이런 이유로 수많은 공통의 화제를 가질 수 있게 되었다. 예를 들어 그들은 함께 같은 우상을 좋아하며 서로 너무나 쉽게 교류한다. 미국 팝계의 여왕으로 불리는 테일러 스위프트^{Taylor Swift}의 월드 투어 콘서트만 봐도 전 세계 수억 명의 팬들이 동시에 그녀의 팬이 되어 열광하고, 엄청난 경제적 파급 효과를 불러일으킨다. 《블룸버그^{Bloomberg}》의 보도에 따르면 2023년 10월까지 테일러 스위프트가 개최한 53차례의 콘서트는 미국 GDP를 43억 달러로 끌어올렸고, 이것은 Z세대 출생 이전까지 유례없는 일이었다.

흥미로운 사실이 하나 더 있다. 사실 미국의 Z세대는 '9.11 테러'에 대해 별다른 기억을 가지고 있지 않다. 그들 대다수는 부모님의 입을 통해서 혹은 역사 교과서를 통해 그 사건을 알고 있을 뿐이다. 이런 점을 Y세대가 과연 쉽게 이해하고 받아들일 수 있을까? '9.11 테러'는 Y세대에게 큰 충격을 안긴 역사적 사건이자 공통의 기억으로 자리 잡고 있지만, Z세대는 그 사건에 대해 우리와 같은 감정을 느끼지 않는다. 이것만 봐도 세대 차이가 극명하게 드러난다.

각 세대의 행동적 특성을 간파하자

아직 나이가 어려서 직장에 발을 들여놓지 않았지만 머지않아 사회에 진출할 알파 세대가 우리 앞에 등장할 것이다. 내 딸과 그 친구들의 말과 행동을 옆에서 지켜보면 디지털 네이티브 세대로 불리는 우리 자녀 세대가 상당히 조숙한 집단이라는 사실을 간접적으로 경험할 수 있다. 여기서 말하는 것은 생리적 조숙이 아니라 심리적 성숙을 의미한다. 정보를 언제라도 쉽게 얻을 수 있기 때문에 알파 세대에게 '구글 검색'은 식은 죽 먹기나 다름없다. 이제 챗GPT까지 등장하면서 이 생성형 AI를 잘 다루는 사람은 몇 가지 질문만으로도 원하는 모든 답을 얻을 수 있고, 다른 사람을 쉽게 이길 수 있다.

알파 세대를 둘러싼 시간의 전환 속도 역시 베이비붐 세대, X, Y세대와 전혀 다르고, 그들은 이 세상의 속도에 너무나 빨리 적응할 뿐 아니라 세상이 어떻게 흘러가고, 답을 어디서 찾아야 하는지 정확히 알고 있으며, 어떤 전문 영역에서 빠르게 발전을 거둘 수 있는지도 잘 알고 있다. 그들의 절대적인 선생님은 네트워크 속에 있고, 필요하면 언제든지 스스로 찾아 즉각적으로 답을 얻을 수 있다. 이런 환경 속에서 자란 그들은 인내심이 부족하고, 문제가 생기면 충동적으로 행동하기 쉽다.

디지털 네이티브 그룹과 Z세대의 이런 특징은 실제로 직장까지 이어진다. 내가 관찰한 바에 따르면 아이카라의 Z세대 직원들은 일단 문제를 발견하면 즉각 해결하려 들고, 당장 결과와 피드백을 받아보고 싶어 한다. 참을성이 부족하고 조급하게 일을 처리하는 Z세대의 경향은 그 결과물에까지 부정적인 영향을 미칠 수밖에 없다. 이런 성향은 고객이 반복적으로 개선을 요청할 때도 감정적 대응으로 이어지게 된다. 다만 그들이 문제를 해결하는 방식의 다양성과 창의성에는 높은 점수를 줄 수밖에 없다.

반면 베이비붐 세대, X세대, Y세대에 속하는 장년층은 비교적 균형이 잡혀 있고, 새로운 기술에 대한 학습 곡선이 완만하거나 가파르다. 엑셀 표를 작성하는 방법을 배우는 데에도 많은 시간이 걸리고, 하물며 각종 생성형 AI 수단을 사용하기도 쉽지 않다. 그러나 그들의 장점은 비교적 원만하고 융합할 줄 알며, 안정적이고 신뢰와 약속을 중시하는 데 있다. 이처럼 서로의 장단점이 확연히 다르다 보니 세대 간의 소통에 문제가 생길 수밖에 없다.

세대	출생연도	특징
베이비붐 세대	1946~1964	제2차 세계대전 후 출생 전통과 안정을 비교적 중시함
X세대	1965~1980	불안정한 경제 시대에 성장 아날로그에서 디지털로의 전환을 겪음 직장에서 야망과 충성도가 높음
Y세대	1981~1995	네트워크를 통한 생활환경이 밀접하게 연결되어 있지 않아 지역적 정보에 더 관심을 둠 네트워크를 통해 정보를 얻고, 소통과 교류를 하는 데 익숙해지기 시작

| Z세대 | 1996~2010 | 고도로 밀접하게 연결된 가상 세계에서 살며 국가와 문화의 경계선이 모호해 공통의 화제를 찾기 쉬움 |
| α세대 | 2010년 이후 | 세상에 적응하는 속도가 빠르고 온라인에서 답을 찾는 데 능숙함 |

우리 회사만 봐도 오래전부터 이런 황당한 우스갯소리가 간간이 들려오고 있다.

"베이비붐 세대들이 쓰는 휴대폰 봤어? 글자 크기가 엄청 커."

"그 신입(Z세대) 들어온 지 일주일도 안 됐는데 벌써 승진 얘기를 꺼내."

"X세대? 헐, 완전 옛날 사람 아냐?"

"요즘 신입은 고객 태도가 마음에 안 들면 아예 거들떠보지도 않으려고 해."

내가 가장 인상 깊었던 것은 아이카라의 한 Z세대 직원이 X세대 직원의 가르침에 분을 참지 못하고 했던 말이었다.

"당신 같은 40대의 고루한 사고방식은 정말 이해할 수 없어요!"

나는 그 말을 듣자마자 터져 나오려는 웃음을 간신히 참아야 했다(나 역시 X세대지만).

선입견을 버리고 공감과 포용에 치중하자

곰곰이 생각해 보면 이런 농담이나 견해의 차이는 대부분 고정관념과 일방적인 편견에서 비롯된다는 것을 알 수 있다. 세대를 뛰어넘는 소통과 협력을 위해 내가 아이카라 직원들에게 내리는 첫 번째 지침은 바로 '자신의 나이와 성격에 대한 주관적 인식을 버리라'는 것이다. 좀 더 직설적으로 말하자면 '나이가 몇 살인지, 출신 배경이 무엇인지, 어디에서 왔고, 어떤 언어를 사용하는지 상관하지 마라'는 이야기이다. 이와 더불어 빈 찻잔과 같은 겸허한 마음가짐으로 서로 다른 생각을 가진 모든 세대를 이해하고 배우는 자세를 유지하다 보면 결국 자신의 유연성을 발휘할 수 있게 된다.

두 번째 지침은 우리는 '공동 학습'의 개념을 장착하고, 서로 간의 격차를 줄여나가야 한다는 것이다. 아이카라는 다양성Diversity, 형평성Equity, 포용성Inclusivity이 조화를 이루는 직장 환경을 조성하는 데 주력하고 있다. 예를 들어 연령을 구분하지 않는 교육 훈련과 인재 성장 프로그램을 계획하고, 이를 통해 경력이 많고, 나이대가 높은 세대는 지금의 젊은 세대가 어떤 수단을 활용해 문제를 해결하는지 직접 관찰할 수 있게 했다. 또한 조직의 소통 방식 역시 평등을 추구하며, 관리직 선발과 신입 직원 모집에서 나이를 완전히 배제하고, 오로지 직위에 필요한 소프트 스킬만을 고려하고 있다. 다양한 세대가 이런 조건과 환경 속에서 공존하다 보면 상호 학습의 효과도 자연스럽게 이루어질 것으로 보인다.

내가 보기에 사회에 발을 들여놓은 지 비교적 오래된 X, Y세대는 Z, α 세대에게 인내심, 세심함, 성장 마인드 등의 소프트 스킬을 전해 줄 수 있고, Z, α 세대는 베이비붐 세대와 X, Y세대에게 창의성과 열린 사고에 바탕을 둔 문제 해결 능력을 가르쳐줄 수 있다. 가끔 Z세대 직원에게 한 가지 문제를 던져 주면 그들은 정말 내가 생각지도 못한 놀라운 답을 빠른 시간 안에 내놓는다. 그러나 베이비붐 세대와 X, Y세대의 오랜 경험과 연륜에서 비롯된 지혜도 필수적이다. 이 말인즉슨 각각의 세대가 다른 세대에게 필요한 것을 갖고 있다는 것을 의미한다.

당신이 어떤 세대에 속해있든 우리는 언젠가 또 다른 더 새로운 세대와 공존해야 하는 도전에 직면하게 된다. 그때를 대비해 공감과 포용의 마인드를 유지하는 것이야말로 내가 제시한 장기적 해법 중 하나이다. 이 두 가지 마음가짐이 있어야 비로소 원활한 의사소통과 협업 그리고 리더십이 가능해진다.

CHAPTER 5

미래에 당신의 동료는
로봇일지도 모른다

우리의 삶에 로봇을 파트너로 두면 그것으로 모든 것이 충분해질까? 아니면 인간에게 결함이 있다 해도 우리는 여전히 대면 소통을 갈망하게 될까?

우리를 특별하게 만드는 것은 AI를 발명할 수 있을 정도의 똑똑한 두뇌가 아니라 서로를 마주하는 과정에서 일어나는 화학반응과 불꽃 그리고 그 과정에서 만들어지는 변화와 발전일 수 있다.

평소 업무를 볼 때 나는 챗GPT와 구글 워크스페이스Workspace의 클라우드 지능형 비서 듀엣 AI DUET AI(현재는 제미니와 통합됨)를 사용하는 데 익숙하다. 심지어 이 AI를 어떻게든 차단하고 싶어 안간힘을 쓰던 시기도 거쳤다(어쨌든 나쁜 짓은 혁신의 원동력이다).

로봇이 당신의 삶을 낭비하게 만들지 마라

한번은 챗GPT에게 엄청나게 큰 단위의 숫자를 주고 소인수 분해를 해달라고 한 적이 있다. 단지 이 숫자가 몇 개의 수를 곱한 결과물인지 알고 싶어서였다. 이것은 컴퓨터 자원의 소모가 클 수밖에 없는 작업이었고, 오픈AI의 한계가 드러나는 어려운 문제였다. 처음에 챗GPT는 '그렇게 큰 단위의 숫자를 처리할 수 없고, 능력을 넘어선 요구'라고 운운하며 거절 의사를 밝혔다. 그래도 난 단념하지 않고 어린아이 가르치듯 차근차근 시도해 보도록 유도했고, 그 결과 챗GPT는 정말 그 숫자를 인수 분해하기 시작했다.

그러나 사실 핵심은 이것이 아니다. 진짜 중요한 것은 챗GPT와 이런 실랑이를 벌이며 소통을 하는 과정에서 나도 모르게 컴퓨터 앞에서 로봇과 한 팀이 되어 많은 시간을 보내고 있었다는 사실이다. 나중에 이런저런 생각을 정리하면서 때때로 내가 정말 무료할 때면 챗GPT를 극한으로 몰고 가는 테스트를 하거나, 그것과 사람처럼 대화를 나누고 있다는 사실을 발견했다. 게다가 어느 날 딸아이에게 이런 말을 들을 줄은 상상도 하지 못했다.

> "아빠는 친구가 필요 없을 거 같아요. 어차피 AI만 있으면 되잖아요." (하하)

나는 딸에게 이런 말을 들은 후 이것이 바로 생성형 AI가 가져올 변화라는 생각에 두려움을 느꼈다. 우리는 인간을 컴퓨터로부터 해방하기 위해 AI를 발명했다. 지금 수많은 통계 자료에 따르면 생성형 AI 도구는 듣기, 말하기, 읽기, 쓰기를 도와줄 강력한 기능을 갖추었고, 자동으로 텍스트와 이미지를 생성하고, 음성 인식을 하는 등의 능력을 가지고 있다. 이런 능력은 작업 효율성, 생산력을 높여주기 때문에 직장 생활이나 일상 속에서 프로그램을 짜거나 문서를 작성할 때 도움을 받거나 심지어 동료가 될 수도 있다. 그러나 지금 상황으로 볼 때 AI는 인간을 기계로부터 해방해 주지 못했고, 도리어 인간이 기계 앞에서 더 많은 시간을 보내게 만들어 버렸다. 그야말로 본말이 전도된 결과가 아닐 수 없다.

가상의 '좋아요'가 당신의 영혼을 갉아먹고 있다

사람으로 태어난 이상 우리는 영원히 '대면 소통'을 필요로 한다. "사람은 얼굴을 마주해야 감정이 생기고, 상황을 바꿀 수 있는 여지도 생긴다"는 말처럼 '대면'은 인간관계에서 중요한 의미가 있다. 심리학과 신경과학 분야에서도 사람과 사람이 서로 마주했을 때 각종 신체 신호를 계속해서 포착할 수 있다는 사실을 오래전에 입증했다. 상대의 말을 듣는 것뿐 아니라 눈빛, 표정,

손짓, 앉은 자세 등을 통해 전달받은 신호가 서로의 거리를 결정하는 역할을 할 수 있다. 극단적인 예일지 모르지만 '스톡홀름 증후군Stockholm Syndrome'은 피해자가 가해자에게 감화되어 그의 범죄 행위에 동조하고 심지어 변호하는 심리 현상을 가리킨다. 이처럼 사람과 사람이 서로 오랜 시간을 함께 있다 보면 의존하게 되는 심리가 저절로 생긴다.

그러나 나만 이렇게 컴퓨터와 AI를 활용하느라 자기도 모르는 사이에 오랜 시간을 쏟아붓고 있는 것은 아니다. 지금의 사회를 둘러보면 '대면 소통'을 하고 싶어 하지 않는 사람들이 갈수록 늘어나고 있는 현상을 포착할 수 있다. 예를 들어 야외활동을 하는 것보다 소셜 네트워킹에 더 많은 시간을 보내는 것을 선호하는 사람들이 늘어났다. 일본에서는 일부 은둔형 외톨이들이 일주일 내내 외출조차 하지 않은 채 집에서 VR을 착용하고 온라인상의 가상 캐릭터와 함께 '고독한 방식의 모임'을 갖고 있다.

내가 보기에 이것은 절대 좋은 현상이 아니다. 소셜 네트워크의 부작용은 '정신적 왜곡'이기 때문이다. 현실 생활 속에서 당신은 오로지 두 개의 눈과 두 개의 귀, 한 개의 입을 가지고 있으므로 동시에 수천수만 명의 사람과 소통할 수 없다. 그러나 소셜 네트워크는 이런 것이 가능한 공간을 만들었고, 이곳은 우리가 수천수만 명과 소통하고 있다는 착각에 빠지게 만든다. 그러나 사실 이런 소통은 파편처럼 흩어지기 쉽고, 많은 사람이 가상의 세계 속에서 '좋아요'의 숫자를 보며 자신의 존재를 인정받았다고 생각한다. 그러나 심리학자의 연구에 따르면 타인의 인정에 과도하게 의지해 자신의 존재를 확인받게 되면 결국 자신이 누구인지 알지 못하게 되고, 인격까지 완전히 무너질 수 있다.

게다가 소셜 네트워크는 단지 화려한 면만 부각될 뿐이다. 다른 사람이 그럴듯한 차와 집, 명품을 자랑하는 모습에 오래 노출되면 자신의 삶이 그들과 너무 다르다는 것을 느끼게 되고, 현실 세계에 대한 왜곡이 시작되면서 자기만 빼고 모든 사람이 다 그렇게 산다고 착각한다. 하지만 누구에게나 고민은 있고, 삶의 굴곡이 있다는 사실을 잊으면 안 된다. 이것이 바로 삶의 진실이며, 소셜 네트워크의 메커니즘은 이 사실을 철저히 왜곡하고 있다.

기계에 감정을 느끼는 일은 더 많아질 것이다

소셜 네트워크 외에도 주목할 만한 것은 앞으로 크게 성장할 '서비스형 로봇'과 '동반 경제'이다. 생성형 AI는 인간과 유창하게 대화를 나눌 수 있고, 추론과 이해가 가능하므로 인구 고령화에 따른 돌봄 문제를 해결할 수 있다. 이에 따라 AI를 서비스 로봇이나 동반 경제에 응용하는 것과 관련해 사람들의 기대치가 이미 높아지고 있다.

구글 출신의 엔지니어 두 명이 설립한 AI 챗봇 기업 '캐릭터

AI^{Character AI}'는 대규모 언어 모델을 활용해 다양한 인물의 특징을 살린 AI 챗봇을 만들어 냈다. 그중 일론 머스크^{Elon Musk}, 닌텐도의 슈퍼마리오, 아인슈타인 등의 이미지를 살린 AI 챗봇은 이미 많은 팬을 보유하고 있고, 연예인이나 애니메이션 캐릭터의 성격과 비슷한 로봇과도 실컷 대화를 나눌 수 있다.

당연히 거대 소셜 미디어인 메타^{Meta}도 이 기회를 놓치지 않고 2023년 9월, 사람처럼 개성을 지닌 AI 챗봇을 출시했다. 그들은 지금까지 대략 수십 개의 가상 인물을 소개했고, 이들은 모두 자신만의 이름, 성격, 페이스북과 인스타그램 계정을 가지고 있다. 비록 캐릭터 AI는 이곳에서 이루어지는 모든 내용이 허구라고 경고하지만, 사람들은 캐릭터 AI에서 '로봇' 일론 머스크를 만나 그가 오늘 무엇을 했는지, 저녁으로 무엇을 먹었는지 등을 물으며 수다를 떤다.

2023년 3월 캐릭터 AI는 데이터 발표를 통해 그들의 사용자가 평균 매일 2시간을 로봇과 대화를 나눈다고 밝혔다. 실리콘밸리의 벤처 캐피털은 이 소식을 접한 후 캐릭터 AI가 정말 놀라운 발전을 이루며 모두가 필요로 하는 킬러 앱을 만들어 냈다고 여겼을 것이다. 그러나 내 생각에 그것은 그리 좋은 일만은 아니었다. 2시간이라는 수치는 완벽한 경고 메시지이고, 어쩌면 심각한 사회문제를 일으킬 수도 있다. 그 생각을 증명이라도 하듯 실리콘밸리의 언론 매체는 캐릭터 AI가 AI 챗봇의 서비스를 판매 중지한 후 극도의 불만을 품은 일부 사용자들이 창업주의 집까지 찾아가 '내 사이버 파트너를 돌려 달라'고 항의 시위를 벌였다고 보도했다.

늘 외롭고 절망적인 감정에 휩싸여 있지만, 곁에 아무도 없는 사람에게 챗봇은 분명 잠재적 해결방안이 될 수 있다. 캐릭터 AI처럼 기계에 감정을 느끼는 일은 앞으로 더 많아질 수밖에 없다. 쟁점은 이로 인해 인간의 사고 회로에 혼란이 가중될 수 있다는 것이다. 심각하게 상상해 보자. 미래에 내 동료나 친구는 진짜 인간일까? 아니면 로봇일까?

'인간과의 소통' 기술은 더욱 중요해질 것이다

어쩌면 이런 질문이 더 필요할지 모르겠다.

'우리가 살면서 정말로 기계의 동반자 역할만을 필요로 하게 될까?'

아니면 설사 결함이 있더라도 계속해서 대면 소통을 갈망하게 될까? 어쩌면 소통의 결함이 있는 것이야말로 인간의 고유한 특성이 아닐까 싶다. 우리의 특별함은 AI를 발명할 만큼 뛰어난 머리가 아니라 서로 직접 마주해야 비로소 화학반응과 불꽃을 일으키는 '감정'에 있다.

게다가 팬데믹 기간 동안 우리는 기술적 관점에 근거해 온라인 교육, VR, AR의 응용이 구체화되면 앞으로 여행을 갈 필요도 없을 것이라고 여겼다. 그러나 팬데믹이 끝난 후 예상과 전혀 다른 일이 우리 눈앞에 펼쳐졌다. 공항은 매일 여행을 떠나려는 사람들로 넘쳐났다.

그래서 아이카라에서는 과학의 발전과 세계 주류를 따라잡을 수 있도록 챗GPT, 듀엣 AI 등 각종 생성형 AI 도구가 등장할 때마다 직원들이 시험 삼아 직접 사용해 볼 것을 적극 권장하고 있다. 이때도 젊은 직원들은 디지털 도구에 빠르게 적응했고, 가상 세계에서 강한 존재감을 드러냈다. 문제는 사람과 사람 사이의 교류, 상호작용 방면에서 그들의 능력이 확연히 떨어졌다는 것이다. 이런 이유로 나는 '인적 교류'를 직원들의 필수 덕목 중 하나로 채택하고 있다. 물론 사람과의 대면 교류만 중요한 것이 아니라 그 안에서 만들어 내는 가치는 더 값질 수밖에 없다. 다들 시간을 기계에 소비하고, 기계와만 소통하려 할 때 이 가치는 특히 더 희귀하고 값진 것이 될 것이다.

그럼 아이카라는 사람과의 교류 능력을 강화하기 위해 무엇을 했을까? 팬데믹이 지나간 후 나는 사무실의 목적과 의의가 변했다는 것을 알아챘다. 오랜 세월 동안 사람들의 머릿속에 각인된 사무실에 대한 정의는 바로 '일을 완성하는 곳'이다. 그러나 우리의 조사에 따르면 38.1퍼센트의 직원만이 재택근무 및 회사에서의 작업 효율에 차이가 없다고 여겼고, 42.5퍼센트의 직원은 재택근무의 효율이 비교적 높다고 여겼다. 마찬가지로 아이카라에서 80퍼센트 이상의 직원이 재택근무를 하고 있고, 도리어 회사의 생산력을 높이는 데 도움이 되었다. 그러나 특히 주목해야 하는 점은 직원들이 너무 오래 만나지 않았기 때문에 서로를 하나로 결집하는 구심력이 약해졌다는 것이다.

대면으로 토론하고 협력하고 채찍질하라

우리는 그와 같은 중요성을 자각하고 아이카라 사무실의 기능을 '대면 소통의 장소', '팀 협업을 위한 공간', '조용하고 독립적인 작업이 가능한 공간'으로 설정했다. 하드웨어 측면에서 우리는 양극화 전략을 채택했다. 즉, 개방형 공간과 더불어 개인의 작업 편의성을 제공하고, 프라이버시까지 지킬 수 있는 '전화 부스' 형태의 사무실을 모두 갖추었다. 이 두 종류의 모델은 모두 꼭 필요할 뿐 아니라 반드시 공존해야 한다.

아이카라에 들어서면 왼쪽에 보이는 넓고 쾌적한 개방형 공간에 소파, 원형 테이블과 다리가 긴 의자가 있다. 일을 하다 지치면 이 공간에서 간식을 먹거나 소파에서 휴식을 취할 수 있고, 동료와 수다를 떨며 다시 에너지를 충전할 수 있다. 독립적이고 사적인 전화 부스는 집중력을 발휘해 일을 마무리 지어야 하는 직원에게 제공된다. 에어컨이 가동되고 조용하다 보니 심지어 어떤 직원들은 불을 끄고 잠을 자기도 한다(업무 효율을 위해 적당한 휴식도 필요하기에 아이카라는 앞으로 사무실을 이전할 때 전화 부스를 두 배로 늘릴 계획이다).

한편 팬데믹 기간을 거치며 직장인들은 재택근무의 효율성이 더 높다고 여기고 있고, 우리도 탄력 근무를 시행해 왔다. 그러나 팬데믹이 끝난 뒤 나는 부서 책임자들을 통해 직원들이 재택근무만 하지 말고 가능한 한 사무실에 와서 업무를 수행하도록 권고하고 있다. 이는 직원들을 가까이서 지켜보며 압박하기 위한 것이 아니다. 팬데믹으로 인한 재택근무로 지난 몇 년 동안 동료들을 직접 만나 소통할 기회가 갈수록 줄어들었고, 이로 인해 생길 수 있는 생각이나 감정의 왜곡과 변질을 막기 위해서였다. 직원들이 사무실에 오고 안 오고는 부서 책임자의 결정에 따르도록 했고, 어떤 책임자들은 일주일에 이틀만 출근하고, 팀원들도 그날 함께 출근하도록 했다. 그때가 바로 서로 얼굴을 보며 소통할 수 있는 유일한 시간이다. 아무리 독립적으로 임무를 완수할 능력을 지녔다고 해도 조직 안에서 함께 토론하고, 협력하고, 채찍질하는 과정 역시 중요하기 때문이다.

게다가 이런 시간은 직원들 사이의 교류를 늘릴 수 있는 기회이기도 하다. 우리는 정기적으로 강좌, 공동구매, 직원 여행 등을 진행하기도 한다. 예를 들어 인력자원부서는 외부 강사를 정기적으로 초빙해 미술, 회화 등 다양한 강좌를 제공한다. 놀랍게도 매번 강좌를 개설하면 신청자가 몰려 금방 마감이 된다. 이외에도 우리는 제조업체를 초청해 시식을 해 보고, 직원들이 기존 고객의 제품을 공동구매하도록 장려한다. 직원 여행도 이미 연례행사처럼 회사 문화로 자리 잡고 있다.

다만 아이카라의 직원 수가 200명이 넘다 보니 매번 이렇게 많은 사람을 모아 외부로 나가는 것도 여간 번거로운 일이 아니었다. 그래서 우리는 팀 빌딩team building(팀의 협력, 소통, 유대감을 강화하기 위해 진행하는 다양한 활동이나 프로그램 - 역자)을 통해 팀별로 서바이벌 게임, 노래방, 회식 등 다양하게 놀거리를 찾아 그 시간을 즐기고 있다. 한마디로 이런 활동은 사람과 대면 소통할 수 있는 기회와 능력을 키우고, 모두의 '정서적 건강'을 유지하기 위한 것이다.

CHAPTER 6

공감 능력을 키워
모두 함께 성장하기

AI 시대가 되면서 공감 능력은 그 어느 때보다 더 중요한 항목이 되었다.

직장인은 조직 안에서 타협이 불가피한 경우가 많은데, 이럴 수록 공감과 포용은 절실하다.

이때 당신이 다른 사람을 신경 쓰지 않고, 입장 바꿔 생각할 줄 모른다면 서로 협력할 방도가 없다.

"자신도 쓰고 싶지 않은 물건을 고객에게 내놓지 마라"

이 말은 지금까지 내가 아이카라 직원들에게 늘 강조하고 상기시켰던 말이다.

고객의 몸이 가장 정직하다

예전에 구글에서 일할 때 우리는 "Eat your own dog food(자신의 강아지에게 줄 사료를 직접 먹어보라)."라는 말을 입에 달고 살았다. 이 말인즉슨 자신이 만든 제품을 먼저 사용해 보라는 것이다. 이것은 아주 유익한 마인드였고, 많은 사람에게서 긍정적인 반응을 불러일으키며 상품 개발에 점차 광범위하게 적용되었다. 그러나 일부 제품개발팀은 이 말을 내부 사용자의 테스트를 위한 하나의 표준 운영 절차^{Standard Operating Procedure, SOP}로 간주하며 연례행사로 변질시켜 버렸다.

언젠가 자부심이 아주 강한 제품 담당자를 만났을 때 나는 그에게서 매우 깊은 인상을 받았다. 그는 업무 경험이 그리 많지 않고, 학벌도 좋지 않았지만 일에 대한 열정이 넘치고 언변이 좋았다. 그는 하루 종일 'Eat your own dog food'라는 말을 입에 달고 살았고, 나도 안심하고 제품을 그에게 맡겼다. 그러던 어느 날 나는 그와 또 다른 직원에게 제품의 인터페이스를 보여 달라고 요청했고, 그제야 그들이 세부적인 부분에 대한 설계를 전혀 하지 않았다는 사실을 알아챘다. 내가 제품의 몇 가지 지연 현상을 지적하자 그는 놀랍게도 나를 설득하려 들었다. 그는 지연 현상이 전혀 문제가 되지 않고, 내가 제대로 사용할 줄 몰라서 그런 것뿐이라고 생각하고 있었다.

당시 그는 자신이 일찌감치 맡은 일을 잘 처리했다고 생각하며 흡족해했고, 나는 이 부분을 묵과하지 않고 냉정하게 한마디를 던졌다.

　"내가 시스템의 지연 문제를 느꼈다면 당연히 사용자도 같은 문제를 느낄 겁니다."

이 말에 그 책임자는 물론 함께 시연했던 동료 역시 더는 변명조차 하지 못한 채 입을 다물었다.

이 이야기는 어떤 메시지를 담고 있을까? 그 본질은 바로 '공감'이다. '공감'은 직장에서 제품을 설계하거나 동료와 함께 지내는 과정에서 직원들에게 가장 필요한 덕목이다. 위에서 언급한 두 사람은 과연 자신이 만든 제품을 정말 직접 쓰고 싶을까? 만약 그 자신조차도 그다지 사용하고 싶지 않고, 쓸 때마다 시스템의 지연 현상이 발생한다면 고객은 과연 그 제품을 쓰고 싶을까?

세상 그 누구도 '설득'에만 의존해 사용자의 경험을 만들어 낼수 없다. '경험'은 사용자의 순간적이고 주관적인 감정이며, 당신혼자 제품이 좋다고 착각해 봐야 아무 소용이 없고, 고객의 감각이야말로 세상에서 가장 정직한 대상이다. 그들이 제품을 이미사용하고 있을 때 당신이 그들의 귀에 대고 감언이설로 마음을현혹할 시간은 얻기 힘들 것이다.

사업의 성장 동력은 사용자의 경험에서 나온다

AI 시대가 되면서 공감 능력이 그 어떤 때보다 주목받고 있다. 2023년에 우리는 챗GPT와 각종 생성형 AI 도구를 인식하고, 대규모 언어 모델이 무엇인지 이해하기 시작했으며, 많은 사람이 AI 기술을 연마하는 데 시간을 투자하고 있다. 반면 기업의 입장에서 볼 때 지금의 가장 중요한 전쟁터의 무기는 AI 기술에서 사용자의 체험과 사업모델로 이미 빠르게 전환되고 있다. 제품의 개발자와 기업이 설계해야 하는 것은 '경험'이다. 또한 경험의 설계와 공감은 동전의 양면과도 같다.

로봇이 거리 곳곳을 돌아다니고, 우리가 일상의 자질구레한 일들을 생성형 AI 도구와 협업해야 한다고 생각해 보자. 그때 AI가 질문과 전혀 다른 대답을 하고, 심지어 사람들이 지나가는 동선을 가로막고 있다면 사용자에게 부정적인 인식이 만들어지지 않을까?

그래서 사용자의 입장에 서서 공감을 바탕으로 모든 가능성을 염두에 둔 설계를 하는 것이야말로 제품 개발자와 작업자의 원칙이 될 것이다. 어쨌든 지금 AI는 무대 뒤에서 사람들 앞으로 모습을 드러냈고, 처음으로 사람과 자연스러운 대화와 소통을 할 수 있게 되었다. 반면에 사람들은 AI와 어떻게 상호작용을 해야 할지 아직 명확히 간파하지 못했다. 이는 매우 어려운 도전이자 새로운 기회라고 할 수 있다. 만약 사람들이 제품에 대해 좋

지 않은 경험을 했다면 AI로 실행 가능한 사업 모델을 만들어 낼
수 없다.

상대방의 관점에서 문제를 바라보는 능력

작업자는 제품을 설계할 때뿐 아니라 동료들과 지낼 때도 공
감 능력, 포용력을 갖추어야 한다. 특히 서로 다른 세대에 속하
는 동료와 함께 일할 때 더욱이 상대의 생각에 공감하려고 노력
해야 한다. 이렇게 생각하고 행동해야 하는 이유는 무엇일까?

예전에 딸아이가 여름방학 영재반 수업에 참가한 적이 있었
다. 한 반에 대략 10여 명의 학생이 있고, 교사는 학생들이 알림
장에 필요한 내용을 모두 기록한 후에야 교실을 나갈 수 있다고
말했다. 그런데 그중 한 남학생이 유독 행동이 느렸다. 다른 아
이들은 하나둘씩 할 일을 마치고 나가서 놀았고, 그 아이 혼자 남
아 있게 되자 마음이 조급해져 결국 울음을 터트렸다. 나와 아내
는 딸에게 매일 글을 쓰도록 습관을 들였는데, 그날 밤에도 아이
는 이 일을 아주 자세히 기록했고, 그중 이런 말이 내 기억 속에
오래도록 남았다.

'OO도 그런 일 때문에 교실에서 울음을 터트릴 필요는 없었다.
울고 싶어도 집에 가서 울어야 했다.'

나는 아이의 글을 읽은 후 큰 충격을 받았고, 아이에게 왜 옆에서 보고도 모른 체했는지, 왜 친구를 도와줄 방법을 생각하지 않았는지 물었다. 이것은 공감 능력이 있는 사람이라면 할 수 있는 반응이 결코 아니었다.

당연히 이런 일을 겪으면서 아이에게 한바탕 훈육을 안 할 수 없었다. 그러다 그 과정에서 문득 이런 생각이 들었다. 우리가 매일 마주치고 함께 일해야 하는 동료들 역시 가정환경과 성장 배경이 다른 독립적 개체이고, 당연히 다른 감정과 경험을 가질 수밖에 없다. 문제는 그런 특성이 제품의 설계와 동료와의 협업 과정에서 드러나는 것이다. 만약 제품을 설계할 때 공감 능력이 없으면 불편함을 느낄 수 없고, 어차피 내가 쓰는 데 문제가 없으면 그것으로 충분하다고 생각하기 때문에 사용자를 위해 자신이 무엇을 놓치고 있는지 알아채지 못한다.

그러나 당신에게 아무 문제가 되지 않는 부분이 다른 사람에게는 불편한 걸림돌이 될 수 있다는 것을 인지해야 한다. 그런 뒤 제품의 사용 과정을 좀 더 개선하려고 노력해야 한다. 또한 동료와 의견이 다를 때 그가 어떤 이유로 그런 생각을 하게 되었는지 상대방의 입장에서 고려해 볼 수 있어야 한다.

이렇듯 공감 능력은 고객을 만족시키고, 좋은 제품을 설계하고, 업무 효율을 높일 수 있는 열쇠라고 할 수 있다.

그렇다면 공감 능력은 어떻게 키울 수 있을까? 어릴 때부터 이런 능력을 키울 수 있다면 더할 나위 없이 좋다. 성장하면서 두뇌 회로가 갖추어지고 나면 이런 능력을 다시 장착하고 싶어도 마음처럼 쉽게 터득하기 어렵다.

어릴 때 공감 능력을 키울 기회를 얻지 못했다면, 아이카라는 팀워크와의 협업을 통해 '팀워크 정신'으로부터 동료의 공감을 끌어내도록 한다. 팀 안에서 타협이 필요한 경우가 많기 때문에 당신이 다른 사람을 배려하지 않고, 남의 입장을 고려할 줄 모른다면 서로 협력할 방도가 없다.

혼자서는 빨리 갈 수 있고
함께라면 멀리 갈 수 있다

나는 NBA의 전설적인 농구 스타 칼 말론Karl Malone을 예로 드는 것을 가장 좋아한다. 칼 말론은 최우수 선수로 두 차례나 선정되었고, 워낙 성실해 '집배원'이라는 별명을 가지고 있다. 그는 유타 재즈Utah Jazz 팀에서 18년을 뛰었지만, 챔피언 타이틀을 얻지 못했다. 2003년, 그는 챔피언의 꿈을 이루기 위해 샤킬 오닐Shaquille O'neal, 코비 브라이언트Kobe Bryant와 새로 영입된 게리 페이튼Gary Payton 등 유명 농구 스타들이 소속된 LA 레이커스LA Lakers 팀에 합류했다. 이 네 명의 선수는 'F4'라고 불리게 되었고, LA 레이커스 팀은 유력한 우승 후보로 급부상했다.

레이커스 팀은 그해 결승전에 진출했지만, 그 과정은 험난하기 그지없었다. 오늘은 연봉 문제 때문에 시즌 내내 팀과 불화에 휩싸였고, 득점왕과 젊은 브라이언트가 팀 내에서 리더 자리를 놓고 경쟁했으며, 칼 말론은 계속해서 부상에 시달렸다. 결국 레이커스는 결승전에서 1대 4로 동부의 디트로이트 피스톤스Detroit Piston 팀에 패하고 말았다. '혼자서는 빨리 갈 수 있고, 여럿이 모이면 멀리 갈 수 있다'는 말을 증명이라도 하듯 그들은 아무리 뛰어난 역량을 지닌 네 명의 슈퍼스타를 모아 놓아도 팀워크가 없으면 아무 힘도 발휘할 수 없다는 것을 극명하게 보여 주었다.

문득 예전에 2D 온라인 게임 〈패시지Passage〉를 했던 경험이 떠올랐다. 솔직히 이 게임은 무척 단순하다. 슈퍼마리오처럼 왼쪽에서 오른쪽으로 걸어가도록 스크롤 하는 게임이고, 플레이어가 오른쪽으로 쭉 가기만 하면 그의 인생도 계속 앞으로 나아가게 된다. 그렇게 가다가 특정 레벨에 도착하면 플레이어는 결혼을 하고 가정을 만들 것인지 선택할 수 있다. 만약 결혼을 선택하면 그의 곁에 파트너가 한 명 더 추가된다. 그다음 레벨로 넘어가면 당신은 파트너와 서로 의지하고 힘을 합쳐 더 많은 보물을 얻을 수 있다. 나중에야 나는 비록 게임의 설계와 디자인은 조잡했지만, 그들이 전달하고자 하는 메시지가 바로 '팀워크 정신'이라는 것을 깨달을 수 있었다.

팀워크의 핵심은 반드시 '다른 사람을 배려할 줄 알아야 한다는 것'이다. 결국 팀워크 정신은 '당신만 좋으면 그만'이라는 생각이 아니라 '회사와 구성원 모두에게 좋아야 함께 발전해 나갈 수 있다'는 마인드 속에서 만들어진다. 시대를 불문하고 당신이 어떤 일에 종사하든 팀의 의미는 '개인이 해낼 수 없는 것을 이뤄낼 수 있다'는 데 있다. 설사 AI 시대에 각종 생성형 AI 도구를 활용해 자신의 생산력을 확대하고, 여러 능력을 구사해 엄청난 돈을 벌어들일 수 있다 해도 팀워크가 부족해 강력한 경쟁력을 지닌 제품을 만들어 내지 못한다면 성과물은 결국 제한적일 수밖에 없다.

나는 어릴 때부터 쭉 대만에서 공부했고, 대학을 졸업한 후에 미국으로 건너가 석사과정을 밟으며 동양과 서양의 교육을 모두 경험할 수 있었다. 그때 나는 대만의 교육이 개인의 성과를 최우선으로 한다는 것을 깨달았다. 게다가 시험을 볼 때면 누구도 중국, 대만, 일본, 한국 등 아시아 국가의 학생을 이길 수 없었다. 그런데 그룹으로 프로젝트를 진행할 때면 상황은 뒤집혔다. 동양 학생 중 그 누구도 미국 학생들과의 경쟁에서 두각을 드러내지 못했다. 그들은 광범위하게 이민자를 받아들이고, 다원화를 추구하는 과정에서 강력한 집단 협력의 역사를 이뤄냈다. 또한, 창의적인 아이디어의 폭발적 성장과 수용의 속도가 상대적으로 훨씬 빨랐다. 설사 미국이 '영웅주의'를 표방하고 있다지만 애플의 정신적 리더인 스티브 잡스와 테슬라의 일론 머스크도 기업 조직원의 협력이 뒷받침되지 않았다면 가시밭길을 걸었을 테고, 아이폰과 전기차처럼 획기적인 제품은 절대 이 세상에 등장할 수 없었을 것이다.

이것은 동양과 서양에서 일을 처리하는 방식의 차이와도 관련이 있다. 동양인은 일을 할 때 대개 소극적인 태도를 취하고, 문제가 생기면 제때 해결하지 않고 방치해뒀다 일이 아주 심각해졌을 때 비로소 의사 표현을 한다. 이때쯤 되면 많은 일이 이미 수습 불가능한 지경까지 벌어진 뒤다. 이에 반해 서양인은 훨씬 솔직하고 직설적이다. 그들은 일할 때 서로 언쟁을 벌이다가도 퇴근하면 아무 일 없었다는 듯 농담을 주고받고, 함께 술을 마시러 가기도 한다.

진정한 소통은 설득이 아니라 '이해'에서 시작된다

아이카라는 직원들의 팀워크 정신과 공감 능력을 키우기 위해 '소통의 강화'에 집중했다. 우리는 직장에서 다음과 같은 부류의 사람을 흔히 보게 된다.

토론할 때 아무 말도 하지 않다가 토론이 끝난 후에야 계속해서 불만을 제기하며 의견을 내놓는 사람들이다. 이런 사람은 팀워크의 효율성을 높이는 데 아무런 도움이 되지 않는다. 그래서 우리는 팀원들 한 명 한 명에게 '적극적'인 의사 표현과 소통에 따르는 책임의 중요성을 주입하고 있다. 만약 조직의 발전 전략 등과 관련해서 의문이 생기거나 동의하지 않는다면 그 즉시 공개 혹은 비공개적으로 이의를 제기해야 하고, 적극적인 소통과 토론을 통해 문제점을 해결하려고 해야 한다.

여기서 특별히 주의해야 할 점은 '소통'과 '설득'은 별개라는 사실이다. 소통의 진정한 의미는 '상호 이해'이며, 이것은 자신과 피부색은 물론 외모, 성격이 다른 사람을 알아가고, 상대방과 함께 시간을 보내며 똑같은 일임에도 관점이 왜 이렇게 극과 극으로 다른지 이해해 나가는 노력이 수반되어야 한다. 팀워크 정신, 공감 능력은 바로 이런 과정에서 점차 만들어진다.

예전에 교과서를 읽다 보면 인류는 '사랑'과 '이해', '관용'이 반드시 필요하다는 말을 자주 접했다. 그럴 때마다 그저 뻔하고 진부한 말처럼 들렸다. 그런데 훗날 사회에 진출해 일을 하고, 창업을 하는 과정을 겪고 나니 '공감'이야말로 정말 중요한 소프트 스킬이고, 사회가 지속적으로 발전해 나갈 수 있게 하는 핵심 요소라는 것을 점차 느끼게 되었다.

과학 기술이 나날이 눈부신 발전을 거듭하면서 많은 사람이 구글과 챗GPT만 활용하면 다양한 문제를 해결하고, 능력을 강화할 수 있을 거라고 여기고 있다. 그러나 사람과 사람 사이에 상호 보완과 협력이 사라지게 되면 사람들은 갈수록 자기중심

적이고 삭막하게 변할 수밖에 없다. 게다가 AI를 이용한 사기가 횡횡하고, 지정학적 정치와 종교 충돌 등 여러 가지 요소의 영향을 받아 인류 사회의 전반적인 신뢰도가 하락하게 될 것이다.

어떤 환경에 있든 조직 안으로 들어가 사람들과 융합하고, 다양한 성격을 가진 사람들과 협력하며 입장을 바꿔 생각하는 능력을 키운다면 점차 자신의 공감 능력을 키우고, 더 나아가 조직을 위해 기여할 수 있을 거라고 믿는다.

마무리 핵심 포인트

생성형 AI는 함께 상호작용하며 영감과 아이디어를 제공할 뿐이다.
완벽할 수 없고, 심지어 당신과 보는 시각이 다를 수도 있다.

당신이 조금만 더 주의를 기울여 챗GPT와 상호작용을 할 수 있다면, 그것은 당신에게 거의 모든 것을 가르쳐줄 수 있다. 결국 챗GPT는 방대한 전문지식과 자료에서 뽑아낸 지혜의 결정체이기 때문이다.

생성형 AI가 나의 일을 대신하게 될지 걱정할 필요는 없다. 그것을 정확히 간파하고 당신을 돕게 만들면 오히려 당신의 일자리는 더욱 굳건해질 것이다.

AI 시대는 '강자를 더 강하게, 약자를 더 약하게' 만들며 '슈퍼스타' 효과를 만들어 낼 것이다. AI의 지원을 받는다면 한 명의 뛰어난 일꾼이 열 명의 사람을 상대하는 것도 가능해진다.

AI 세상의 변화가 가속화되면 '자아 인식'이 더 중요해진다. 당신은 내면뿐 아니라 외면에 이르기까지 자신이 어떤 사람인지 정확하게 간파해야 한다.
자신의 장단점을 파악해야 어떻게 잠재력을 발휘하고, 약점을 보완할 수 있을지 알 수 있다.

많은 사람이 자신의 가치를 가상의 '좋아요' 숫자와 동일시한다. 하지만 누구에게나 풀기 힘든 문제가 있고, 넘기 힘든 고난이 앞을 가로막고 있으며, 이것이야말로 인생이라는 사실을 잊으면 안 된다. 자신의 가치를 타인의 인정 속에서만 찾으려 드는 것은 위험한 일이다. 자신의 가치는 자신만의 가치관으로 판단해야 한다.

PART

02

학습과 사고

AI와 공존해도 당신의 뇌는 아웃소싱 될 수 없다

CHAPTER 7

제너럴리스트가 되어
전문 영역 파헤치기

앞으로 프로젝트는 처음부터 끝까지 하나의 분야 안에서만 결코 해결될 수 없다. AI는 증폭기와 같아서 다른 분야의 전문지식과 결합해야 비로소 효력을 발휘할 수 있다.

나는 모든 사람이 역방향 작업자가 되어, 서둘러 자신의 영역을 깊이 파고들어야 한다고 제안하며, 중장기적으로 볼 때 이런 사람이 승리할 것이라 믿는다.

얼마 전 대만의 모든 대학에서 각 학과의 전입과 전과에 관한 통계 자료를 발표했고, 주요 공과대학의 일부 학과 학생들이 2학년으로 올라갈 때 전과를 신청하는 비율이 20퍼센트를 초과했다. 그중 대다수는 정보 공학, 전기 공학, 광전자 공학 등 전기 및 정보 공학 분야 학과로 전과했다. 솔직히 이런 통계를 보며 상당히 우려스러운 것도 사실이다.

모든 사람이 AI 전문가가 될 필요는 없다

AI는 최근 몇 년 사이에 업계와 시장에서 의심의 여지 없이 가장 핫한 키워드 중 하나였다. 심지어 대학들도 인공지능 학과, 빅데이터 학과 또는 클라우드와 관련된 학과를 앞다투어 신설할 정도다. 아무래도 다들 정보 공학이나 AI를 공부하지 않으면 미래에 뒤처질 수밖에 없다고 생각하는 듯하다. 물론 완전히 틀린 생각은 아니다. 연구 보고와 실무 경험에 따르면 AI가 가장 높은 생산능력을 발휘할 영역이 서류 작성, 번역, 회의기록이 아닌 '프로그램 작성'이라는 사실이 이미 입증되기도 했다.

생성형 AI가 등장한 후 빅테크^{Big Tech}(정보 기술 기업 중에서 규모가 크고 시장 점유율이 높은 기업 - 역자)들의 감원 소식이 심심치 않게 들려오고 있다. AI를 잘 활용할 줄 모르고, 높은 직급에 앉아 있는 소프트웨어 엔지니어 역시 해고당할 위험에 놓여 있다.

빅테크들은 챗GPT가 등장한 후 한동안 대규모 감원을 진행하는 한편, 최고의 AI 인재를 지속적으로 영입했다. 이것은 정보 공학과나 혹은 컴퓨터공학과 졸업생의 취업환경 구조가 이미 빠르게 바뀌고 있다는 것을 보여주는 강력한 신호이다. 앞으로 이 분야는 최상위 인재들만이 살아남고, 연봉과 직장에서의 대

우와 지위 역시 양극화되면서 승자가 모든 것을 독식하는 추세
가 될 것이다.

그렇다면 이 분야에서 최고의 반열에 오를 수 있는 사람은 몇
이나 될까?

이제 AI의 사용을 배우는 것은 최종 목적이 아니다. AI를 다
양한 영역에 응용하는 데 집중해야 한다. AI는 본질적으로 다양
한 영역에서 심층적이고 광범위하게 응용되는 기술이기 때문이
다. AI 자체의 수많은 혁신조차도 여러 분야의 개념을 빌려 사용
하고 있다. 예를 들어 딥 러닝에서 우리가 말하는 '유사 신경망'
은 소프트웨어 엔지니어가 생물학적 뉴런의 개념을 활용해 설
계한 신경 네트워크를 가리킨다. 이 신경망은 생물 대뇌의 기능
을 시뮬레이션해 복잡한 패턴을 학습하고 식별하는 데 사용한
다. 이것이 바로 생물학적 사고에서 나온 것이다.

2023년 이후로 수많은 전문가가 생성형 AI의 혁신을 이용해
자신의 연구 분야에 AI를 끌어들이고 있다.

얼마 전 AI를 활용해 '새 언어'를 연구한 사람을 봤다. 평소 강
변 공원 제방에 가면 새들이 지저귀는 모습을 볼 수 있는데 가
끔 새 무리가 마주 보고 날아오다 중간에 멈춰서 교전이라도 벌
이듯 한바탕 지저귀다 돌연 또 흩어지고는 했다. 다들 이 새들이
신호를 교환하고 있다는 것을 알지만, 그들이 도대체 무슨 말을

하는지 정확히 알 길이 없었다. 그래서 한 전문가는 AI를 활용해 새의 언어 패턴을 연구하는 시도를 했다. AI는 패턴을 찾는 데 탁월한 능력이 있고, 이 능력으로 정신없이 지저귀는 새들의 울음소리에서 반복적으로 나타나는 패턴을 찾아낼 수 있기 때문이다. 이 패턴을 활용하면 특정 상황에서 반복적으로 나타나는 소리의 어조를 통해 새들이 먹이를 찾는 것인지, 화를 내고 있는 것인지 각종 감정 상태를 유추해 낼 수 있다.

자, 여기서 문제가 하나 있다. 이렇게 AI를 활용해 새가 도대체 무슨 말을 하고 있는지 파헤치고, 새의 언어를 연구하는 전문가라면 적어도 조류학자이거나 관련 분야의 전문지식을 가진 사람이어야 하지 않을까? 적어도 눈앞에 있는 새의 종이 무엇인지, 새의 종에 따라 지능이 어떻게 다른지 정확히 알고 있어야 한다. 예를 들어 앵무새는 아이큐가 매우 높고, 50~70년을 살 수 있다. 다시 말해서 각 분야의 전문지식을 갖추고 있어야 비로소 AI를 심층적이고 폭넓게 활용하고 응용할 수 있다는 것이다.

이과냐 문과냐의 양자택일의 문제가 아니다

위에서 언급한 두 가지 예에서 볼 수 있듯이 우리는 정보 공학이나 AI를 전공하고, 인문학 대신 이과를 선택하는 것에 집착해서는 안 된다. 당신이 AI를 도구로 삼아 다양한 학과에 응용할 때 양자택일의 구분을 깨야 하기 때문이다. 나는 대학이 AI를 교양과정으로 바꾸고, '영역을 뛰어넘는 학습'이 가능한 한 빨리 이루어지도록 적극 건의한다. 앞으로 하나의 프로젝트는 처음부터 끝까지 하나의 영역 안에서 해결되지 않을 것이다.

과거에는 정보 공학, 정보 관리와 같은 학과가 별도로 존재했다. 정보과학기술이 여전히 발전 단계에 있고, 사람들의 생활 속으로 완전히 들어오지 않았기 때문에 상대적 독립이 가능한 일이었다.

전력을 생각해 보면 쉽게 이해가 된다. 과거 전기 공학과는 왜 그렇게 인기가 높았을까? 20세기는 바로 전력의 시대였고, 그 여파로 전기 공학, 전기제어공학, 전자물리학 등의 학과 관련 연구팀이 속속 등장했다. 그런데 지금도 전기에 대해 논하는 사람이 있을까? 아마 그리 많지 않을 것이다. 게다가 전기 공학과의 졸업생이라 할지라도 전부 전기를 연구하는 분야에서 일하는 게 아니고, 대부분 전기를 어떻게 응용하는지에 초점을 둔다. 그렇게 시간이 흘러 일단 응용 단계에 진입하면 대학에는 '전력과'라고 불리는 과가 사라지게 된다.

AI 이후에도 이런 과정이 나타날 것이다. 우리에게 AI 인재들이 영원히 필요한 것도 맞지만, '지금 정보 공학을 서둘러 선택해야 한다'는 생각은 마치 앞으로 오로지 정보 공학과만 살아남고, 다른 것은 사라질 것이라 가정하는 것과 같다.

나는 AI가 증폭기라고 늘 강조해 왔다. 즉, AI는 다른 영역의 장점과 결합해야 비로소 배가된 성과를 가져올 수 있고, 다른 사람보다 앞서 나갈 수 있다. 역발상 실행자contrarian로서 인문과 공학의 분야를 뛰어넘는 융합을 시도하고, 공학 외에도 자신의 분야에 대한 심층 연구를 서둘러 인류가 모든 영역에서 발전 속도를 증폭시키도록 해야 한다. 중장기적으로 봤을 때 나는 이런 종류의 사람이 승리할 것이라고 확신한다.

이제 많은 사람이 이런 문제를 궁금해할 것이다.

'그럼 우리는 프로그래밍 교육을 어떻게 바라봐야 할까?'

내 대답은 이렇다. 만약 당신이 정보 산업 분야에 발을 들여놓았고, AI 엔지니어, 데이터 분석가, 데이터 사이언티스트와 같은 직업을 가지고 있다면 AI 기술에 관한 연구에 매진해야 한다. 그렇지 않다면 프로그래밍 언어의 존재만 아는 것으로도 충분하다. 일반인이 고급 프로그래밍 언어의 전문가가 될 필요는 없다. 당신은 프로그래밍 언어를 취미로 삼아 업무 효율을 살짝 높이는 수단으로 삼으면 되고, 파이썬Python을 모른다고 해서 많은 것을 잃을 것이라 걱정하지 않아도 된다. 그런 일은 절대로 일어나지 않는다.

지난 몇 년 동안 프로그래밍이 필요 없는 수많은 로우코드 소프트웨어가 출시되었고, 이 소프트웨어는 간단명료한 사용자

인터페이스를 가지고 있으며, 패키징이 아주 잘 되어 있다. 가장 놀라운 사실은 AI가 당신이 소프트웨어를 사용할 수 있도록 직접 안내해 주기 때문에 설사 과학 기술에 문외한이라고 해도 사용하는 데 아무 문제가 없다는 것이다.

과거에는 사용자 인터페이스가 고정되어 있어 A키, B키의 역할을 학습해야 했지만, 생성형 AI는 당신의 행동을 추리하고 이해할 수 있어 어떻게 해야 할지 몰라 헤맬 때 그 움직임을 감지하고 '지금 어떤 작업을 마무리 짓고 싶은지' 먼저 질문을 건넨다. 이런 식의 안내를 하는 지능형 인터페이스가 등장할 것이다.

학과 선택은 최대한 늦추고
훈련과 경험에 치중하라

앞으로 젊은 친구들은 다양한 영역을 학습하는 능력을 강화하고, 가능한 폭넓은 지식을 쌓는 것뿐 아니라 학과와 전공을 선택하는 시기도 늦춰야 한다고 본다. 대만의 학생들은 고등학교 2학년이 되면 이과와 문과 중 하나를 선택해야 하고, 이후 대학에 진학한 후에는 어느 과를 선택하든 다른 분야에서 경험을 넓힐 기회를 거의 가질 수 없다. 이런 부분은 미국의 사례를 참고할 필요가 있다. 미국의 대다수 대학교 1학년 학생들은 전공을 결정할 필요가 없다. 그들은 1, 2학년 시기에 자신의 관심 분야에 따라 전공과목을 선택하고, 마음껏 교양 학점을 이수할 수 있다. 대만 대학은 학과의 경계를 허물고 분야에 상관없이 학생들이 교양 과목을 더 많이 이수하도록 하고, 2, 3학년이 되었을 때 학과를 선택하도록 체계를 바꿔야 한다.

인류의 학문은 이미 너무 많이 축적되었고 이제는 모든 일에 대해 알아야 하는 시기가 되어 버린 마당에 일찍 전공을 나누는 것은 그리 큰 의미가 없다. 결국 모든 수업이 다 교양수업이고, 그것만으로 다 배울 수 없을 정도다. 일부 학교에서 이미 이런 교육 시스템을 도입하고 있지만, 아직 그 확산 속도가 그리 빠르지 않다. 만약 대학이 기존의 학과 구조를 깨고, 예산을 재분배하고, 강사의 수준을 높여 학생들이 다양한 분야의 기능을 갖추도록 돕는다면 다음 세대는 분명 더 나은 교육을 받게 될 것이다.

게다가 기업의 입장에서 볼 때 지금은 '실전을 통한 훈련'의 시대이고, 기업의 인턴십과 '실전을 통한 학습'이 더 중요하다. 수학, 물리, 화학과 같은 학문에 매진하고, 누가 더 많이 기억하고, 더 많이 외웠는지 경쟁하는 것은 상당히 진부한 방식이다. 이보다는 차라리 음식이나 식재료에 관심이 많은 학생이라면 요리 학교에 가서 실제로 요리를 배워보는 것이 더 가치 있다. 그들은 그곳에서 더 많은 것을 배울 수 있고, 설사 지식의 격차가 있더라도 스스로 주변의 다양한 도구를 활용해 그 격차를 쉽게 줄여나갈 수 있다.

요즘은 무엇을 배워야 하고, 어떻게 배워야 하는지에 대해 처음부터 이과와 문과를 칼같이 나누고, 그런 뒤 정보 관련 학과에 물밀듯이 몰려가 지원을 한다. 이런 분위기 속에서 다양한 배경을 가진 문화를 경험하고, 체득하는 것에 대한 논의는 더 말할 것도 없다. 나는 정책 입안자와 지도자들이 이런 문제에 가능한 한 빨리 관심을 가지고, 학문의 경계를 허물고, 학생들이 다양한 분야를 넘나들며 배움의 폭을 넓힐 수 있도록 유도해야 한다고 본다. 즉 AI, 프로그래밍, 영어 등 전문 능력을 필수 과목에 포함하고, 다양한 장점을 가진 사람들이 함께 공부할 수 있도록 만들어야 한다.

만약 우리가 더 광범위한 지식과 더 다양한 문화를 흡수하는 데 시간을 할애할 수 있다면 인재의 모습은 분명 아주 달라져 있을 것이다.

문화적 충격이 세계관을 넓힌다

어쩌면 나 자신이 걸어온 길이 독자들에게 하나의 참고가 될 수도 있을 듯하다. 나 역시도 대만에서 고등교육을 받은 대다수 사람과 마찬가지로 고2가 되었을 때 양자택일을 하며 이과에 속하게 되었다. 그런데 나는 성장하면서 각종 성향 테스트를 할 때마다 늘 이성적인 면과 감성적인 면이 반반씩 공존했고, 결과 역시 문과와 이과 모두 적합한 성향으로 나왔다. 이런 결과가 나온 이유는 선천적 성격뿐 아니라 가정환경과 배움의 과정 그리고 개인의 흥미와 관련이 있을 것으로 보인다.

80년쯤 전에 나의 외할아버지는 일본 상장회사 가네마쓰兼松 주식회사를 운영했고, 일본에서 꽤 오랫동안 살다가 대만으로 돌아왔다. 그 후로도 할아버지는 일본을 오가며, 대만, 산둥山東과 일본 세 곳을 잇는 원양어업에 힘을 쏟으셨다. 1984년 그는 대만 정부와 미국이 함께 반도체 산업을 발전시키는 정책에 부응해 거액의 자금을 들여 시핀矽品 그룹을 설립했다. 할아버지께서 일본에서 오랜 시간을 보내시다 보니 그 환경이 어머니에게도 고스란히 영향을 미쳤다. 어머니는 일본식 성향이 매우 강하신 분이어서 규율과 시간을 엄수하고, 정갈하고 깨끗한 것을 중요하게 생각해 모든 것이 흐트러짐 없이 원칙대로 유지되기를 원하셨다. 나는 그 정도로 심각하지 않아도 '강박증'이 조금은 있었다(물건이 제자리에 가지런히 있지 않으면 마음이 불편하고, 평소 프레젠테이션 레이아웃을 정리하는 데 꽤 긴 시간을 할애한다). 이처럼 내가 성장하는 과정에서 일본식 교육은 내 삶에 깊숙이 뿌리내린 셈이다.

대학을 졸업하고 미국으로 유학을 떠난 후에 나는 또 한 번의 극단적인 경험을 하게 되었다. 비록 어릴 때 미국에 놀러 간 적은 있었지만 나는 그 당시 태어나서 처음으로 아주 강한 문화적 충격을 받았다. 그때가 바로 미국에서 박사학위 과정을 밟을 때였다. 당시 나는 스탠퍼드대학에서 유학 중이었는데 수업 방식이 완전히 달랐을 뿐 아니라 교수와 학생 사이의 상호작용 방식도 완전히 새로웠다.

대만에서는 스승을 존경하는 의미로 '선생님, 교수님' 등의 호칭을 사용하고, 이런 호칭에서 위아래의 구분이 느껴진다. 그런데 미국 친구들은 '수평식' 사고방식으로 교수의 이름을 스스럼없이 부르기도 했다. 예를 들어 교수님의 이름이 마이크이면 학생은 질문이 있을 때 이렇게 말한다. "마이크, 질문이 있습니다!" 당연히 교수 역시 그런 호칭에 별로 개의치 않는다. 그러나 나에게 이런 상황은 세상이 뒤집히는 듯한 경험이었다. 나는 그때까지 아버지, 어머니, 선생님의 이름을 직접 불러본 적이 단 한 번도 없었기 때문이다. 그런데 미국인은 모든 사람을 독립적 개체로 인식한다. 그곳에서 성년이 된 사람은 모두 평등하고, 누구에게도 의존할 필요가 없으므로 호칭에서도 구속받지 않는다.

석사 학위를 받은 후 구글에 입사해 프로젝트에 본격적으로 투입되면서 더 강한 충격이 나를 가격했다. 나는 세계 곳곳에서 온 사람들과 협력했고, 특히 네트워크 과학 기술 회사가 가장 주목받는 상황에서 모든 것이 빠른 속도로 진행되었다. 그러다 보니 미국식 업무 스타일의 특징이 더 부각되었고, 동료들 사이의 대화도 무척 직설적이고 거칠었다. '아니, 네 방식은 틀렸어', '오늘은 널 안 보고 싶네' 등등 동양인이 듣기에 무척 무례한 말을 그들은 너무나 아무렇지 않게 내뱉었다. 그렇다고 동료들이 악의가 있어 그렇게 말하는 것도 아니었다. 그들은 단지 사실에 근거해 말하며 문제를 빨리 해결하고 싶을 뿐이었다.

문화적 차이와 독립적 판단의 상관관계

돌이켜 보면 미국 생활은 지금까지의 생애 중 가장 큰 문화충격이었다. 공부하러 갔다기보다 다른 문화를 받아들이러 미국 유학을 간 것이라 말하는 편이 나을 정도다. 나는 미국과 일본 문화의 차이를 비교한 후에야 미국인은 직설적이고 솔직한 말과 행동을 강조하는 데 반해 일본은 간접적이고 내포된 뜻이 많은 대화를 즐겨 한다는 것을 알 수 있었다.

각 나라의 문화는 모두 장단점이 있었지만, 다행히 나는 모든 문화를 경험하며 대만과 일본, 미국의 문화를 흡수하고 융합해 지금의 나의 모습을 만들어 냈다. 다시 말해서 다양한 사람과 사물을 접했을 때 나는 각기 다른 관점으로 그것을 보고 고찰하며, 이 사람이 왜 이런 말을 했는지, 왜 이렇게 일을 처리했는지를 이해할 수 있게 된 것이다. 그러나 영역을 뛰어넘는 다양한 경험을 가질 수 없는 대다수 사람은 객관적으로 어떤 사물을 볼 수 있는 생각과 시야를 갖기가 쉽지 않다.

문화의 다양성은 한 사람의 독립성을 키우는 데 매우 중요한 요소이다. 서로 다른 문화적 배경을 갖고 있으면 같은 일이 주어져도 다르게 처리할 수 있기 때문이다. 그렇다고 해서 서로 다른 처리 방식을 두고 누가 옳고, 그른지 이분법적 잣대를 가져다 댈 수도 없다. 사실 그것은 정말 단순히 습관과 문화의 차이일 뿐이다. 당신이 다양한 문화의 차이를 파악하고 받아들일 수 있을 때 메타 인지가 생성되고, 같은 문제에 대해 더 좋은 해석을 고민하게 되며, 심지어 다른 문화를 참고해 더 좋은 처리 방법을 제시할 수 있다. 그렇지 않으면 모든 사람이 결정을 내릴 때 관성에 의지할 수밖에 없다. 그리고 이런 메타 인지는 다양한 문화를 경험하고 나서야 비로소 만들어진다.

CHAPTER 8

AI가 일상이 되면
인문학의 욕구는 더 강해진다

장기적인 안목으로 볼 때 인문학의 중요성은 분명 다시 커질 것이다. 생성형 AI 기술이 안정기를 지나 실질적인 활용 단계에 안착하면 문화의 활성화 속에서 상업적 가치를 찾을 수밖에 없기 때문이다. 그렇게 되면 문화의 보존과 상업적 생산 활동의 모든 단계마다 인문계 학생들의 활약이 필요하고, 이것은 인문계 학생과 창작자의 황금시대로 이어질 수 있다.

아이카라의 고객 중에는 교육 과학 기술, 비영리 단체, 출판업, 학원업과 온라인 교육 분야에 종사하는 분이 많다. 나는 이 전문가들에게 미래 교육에 대한 견해를 물었고, 다들 약속이라도 한 듯 비슷한 말을 했다. 그들은 비록 AI가 교육에 도전장을 내밀었지만, 사실 도전보다 기회를 훨씬 많이 제공할 것이고, 특히 지금 큰돈을 벌 수 없다는 인식이 팽배한 인문학 산업과 인문 계 출신 학생들에게 AI 산업은 긍정적인 변화의 바람을 몰고 올 것이라고 전망했다.

언어를 배우는 것은 사고방식을 배우는 것과 같다

나는 생성형 AI의 발전이 성숙 단계에 접어들고 나면 반드시 인문학 전공 학생과 창작자의 황금시대가 될 것이라 믿고 있고, 이런 생각을 지금까지 고수해 왔다.

우선 나는 '언어의 학습'을 상당히 낙관적으로 보고 있다. 비록 앞으로 기계번역을 사용하면 인간이 더 이상 외국어를 배울 필요가 없다고 여기는 목소리도 높지만, 이것은 완벽한 착각이 다. 나는 자연어의 학습이 AI 때문에 갈수록 더 중요해질 거라고 확신한다. 내가 이렇게 생각하는 데는 몇 가지 이유가 있다.

첫째, AI의 비용이 계속해서 감소하고 있고, 앞으로 AI는 물 과 전기처럼 자연스럽게 일상에 녹아들 것이다. AI는 가장 좋은 언어 조수와 교사이기도 하다. 생성형 AI는 이미 텍스트를 영상 으로, 영상을 소리로, 영상을 텍스트로, 텍스트를 전혀 다른 언 어의 텍스트로 전환할 수 있으며, 매개체 역할을 하는 다양한 콘 텐츠 사이에서 매끄럽게 변환되고 있다. 이런 영향을 받아 새로 운 외국어를 배우는 데 드는 비용도 계속해서 낮아지고, 머지않아 AI의 도움을 받아 다양한 외국어를 빠르게 배우는 걸출한 인재들이 속속 등장할 것이다. 일반인보다 훨씬 많은 언어에 능통한 이런 인재들은 각국의 협상 테이블에서 각종 비즈니스 협상을 진행할 수 있으니 직장에서 강력한 경쟁력을 가질 수밖에 없다. 예전에는 24시간 내내 시간의 제약을 받지 않고 대기할 수 있는 언어 교사가 없었지만, 지금은 이것조차 가능해졌다.

둘째, 사람과 사람 사이의 교류가 매우 중요해졌다. 휴대폰 속의 AI는 언어가 통하지 않는 두 사람이 소통할 수 있을 정도로 실시간 번역이 가능하다. 예전에 일본 만화 〈도라에몽〉에 등장하던 '번역 곤약'이 마침내 실현된 셈이다. 그러나 여전히 약간의 차이는 존재한다. 두 사람이 같은 언어로 마음을 터놓고 편하게 대화하는 것과 비교했을 때 '곤약 번역'은 약간의 껄끄러움과 심리적 장벽이 더해져 자연스럽게 깊은 관계를 맺는 데 장애로 작용한다. 결국 이런 심층적인 대화와 교류는 AI로 대체될 수 없다.

마지막으로 더 많은 언어를 배우는 것은 새로운 사고방식과 문화를 그만큼 더 배우고 이해하는 과정이다(이 두 가지는 동전의 양면과 같고, 문화는 우리가 생각과 결정을 내리는 방식에 영향을 미친다). 그래서 언어를 배우는 것은 단지 얼마나 많은 단어를 기억하는지, 언어 자격증 시험을 통과하는지에 국한되지 않는다. 더 현실적으로 말하자면 다양한 언어로 말할 수 있는 사람은 사교 생활을 더 풍부하게 만들고, 다양한 배경의 친구들과도 사귈 수 있다. 이 때문에 우리가 언어를 배우는 것은 다방면의 사고 능력을 키우는 아주 중요한 과정이다. 그리고 폭넓게 뻗어 나가는 사고 능력은 가까운 미래에 중요한 경쟁 우위로 자리 잡게 될 것이다.

AI를 주입해 문화를 다시 살려내자

문화 역시 생성형 AI의 발전에 힘입어 단순히 자료를 보관하는 '디지털 아카이브 Digital Archive'의 시대에서 '지혜의 아카이브 Intellectual Archive*'의 시대로 진화해 가고 있다.

과거에 사용하던 '디지털 저장'은 종이로 된 자료를 디지털로 변환해 데이터베이스에 저장하는 것이다. 그 좋은 활용의 예가 바로 '도서관 검색 시스템'으로 이를 통해 책을 찾고, 전문을 검색할 수 있었다. 다만 이것만 가능할 뿐 다른 응용과 상호작용은 불가능했다.

반면에 '지혜의 아카이브'는 모든 사람이 충분히 낮은 비용으로 AI의 두뇌를 훈련할 수 있고, 이 두뇌에 희귀한 자료를 제공해 우리가 축적한 지혜를 보존할 수 있다. 이 자료들은 당신과 상호

• **지혜의 아카이브(Intellectual Archive)** : AI에게 특정 문화의 자료를 제공하고, 이전 세대의 지식을 보존하며, 애플리케이션을 동적인 형식으로 보존하고 활성화해 응용하는 것.

작용할 수 있고, 자료의 양이 과도하게 많아지면 심지어 추리를 통해 생각지도 못한 연결 혹은 관련성을 찾아낼 수도 있다.

언어를 직접적인 예로 들어보자. 지하철이 역에 도착할 때마다 그 짧은 시간 안에 여러 언어로 안내 방송이 나오고, 이것은 마치 모든 언어의 중요성과 공평성을 보여주려는 듯하다. 그러나 지금 우리는 세계의 모든 희귀 언어를 챗GPT에 저장하고, 그것을 영원한 '지혜의 아카이브'로 삼고 있다. 이런 언어가 영구적으로 보존될 수 있을 때 우리는 사용 인구의 감소로 인해 언어가 소멸할까 봐 걱정하지 않아도 된다. 또한 이런 이유로 이 언어들을 필수과정에 넣으려고 조급해하거나, 희귀 언어를 가르칠 교사를 찾을 수 없을까 봐 전전긍긍할 필요도 없어진다. 아울러 우리는 앞으로도 이런 언어를 배우고, 상호작용할 기회를 가질 수 있다.

문화의 보존도 마찬가지다. 특정 문화를 재현할 때 아이들은 그 시대의 복장, 건축 양식 및 사람들의 상호작용 방식을 고찰하는 데 집중한다. 그러나 AI에 주입하면 정보와 문화의 잔재를 보존할 뿐 아니라 '문화의 활성화'를 통해 새로운 활력을 불어넣고, 다양한 매개체를 통해 그 문화 스타일과 직접 상호작용할 수 있다. 예를 들어 내가 렘브란트, 피카소, 반 고흐의 '스타일'을 저장하고, AI에게 렘브란트와 반 고흐의 그림을 모방한 몇 가지 그림을 그려달라고 하면 된다. 또는 고궁 박물관을 방문해 중국 고대

진나라 시대의 병마용 전시를 감상할 때 이어폰을 통해 무미건조하고 지루한 가이드의 해설을 들을 필요 없이 방언을 구사하는 가상의 병마용과 직접 상호작용하며 지식의 저장소에서 가져온 참신한 문화 체험을 즐길 수 있다.

앞으로 흥미만 있으면 진시황, 베토벤, 다빈치 등 역사 속에 존재하는 모든 존재를 가상의 인물로 만들 수 있고, 상업적 가치가 있다고 여겨지면 심지어 일본의 사이버 가수 하츠네 미쿠初音ミク에게 다른 나라 언어로 노래해달라고도 할 수 있다. 게다가 이 모든 것은 합리적 비용으로 가능하다. 이제 그 속에서 발전 기회와 사업모델을 찾아낸다면 점차 잊혀가는 문명과 경제적 가치가 없어 보조금에만 의존해야 했던 문화가 모두 다시 활성화될 것이고, 이것은 이전에 상상조차 할 수 없는 일이었다.

조만간 인문학 분야의 르네상스 시대가
다시 올 것이다

현재 대학에서 어문학과를 대폭 줄이고, 학생들이 정보공학과로 진로를 바꾸는 등의 현상은 모두 근시안적인 판단 때문이다. 좀 더 장기적으로 내다본다면 인문학의 중요성은 반드시 다시 커질 수밖에 없다. 언어 인문학, 사회과학 계열이 해야 할 일은 학과 폐지가 아니라 '형태 전환'이다. 어떤 학과들은 이미 그 움직임에 동참하기 시작했다.

얼마 전 한 대학의 교수가 자신이 속한 대학의 중문과가 이제 두 개의 그룹, 즉 '전통 그룹'과 '프로그래밍 그룹'으로 나뉘었다고 말해 준 적이 있다. '전통 그룹'에서는 문자학, 성운학, 훈고학 등 중문과의 필수 과목을 공부하고, 또 다른 '프로그래밍 그룹'에서는 언어 모델을 연구하고, 파이썬 크롤러와 같은 디자인 언어에 대해 기본적인 지식을 습득한다. 또한, AI에게 지시를 내릴 수 있는 능력을 갖추고, 더 나아가 갑골문자와 같은 연구에 AI를 활용하는 법을 배운다. 내 생각에 이것은 정말이지 정확하게 옳은 방향으로 가고 있는 것이다.

'앞으로 외국어를 배울 필요가 없어', '인문학과 쪽은 미래가 없어' 등과 같은 말에 더는 현혹되어서는 안 된다. 그런 예상과 반대로 언어, 인문, 사회과학처럼 비전이 없다고 여겨지던 분야와 과목이 다시 크게 각광 받을 때가 올 것이고, 그때가 되면 더 많은 외국어를 배우려는 붐이 일고, 인문학을 공부하는 인재들이 AI의 상업적 응용 분야에서 그 능력을 발휘할 수 있다. 나는 이 두 가지 가능성이 조만간 통계 수치에 반영될 거라고 믿는다.

CHAPTER 9
논리력, 표현력, 언어 능력이 성공의 관건이다

좋은 회사는 소통을 통해 만들어진다는 것이 나의 일관된 생각이다. 특히 고위 관리자일수록 소통에 시간을 할애하는 비율이 더 높아진다. 소통과 표현 능력을 강화하고 싶다면 메모와 글쓰기부터 시작해 보는 것도 좋다. 또한 어떤 문제에 대해 깊이 고민해야 할 때가 오면 나는 컴퓨터를 멀리하고 손으로 생각을 기록하며 몰입하는 그 시간을 온전히 즐긴다.

'AI가 인간을 대신하게 될까?'라는 질문은 최근 몇 년 동안 내가 가장 자주 들은 질문이고, 그 뒤를 이어 두 번째는 바로 '모든 사람이 프로그래밍 언어를 배워야 할까?'이다.

자연어를 잘 배우면 일거양득

AI 시대에 데이터과학자, 소프트웨어 엔지니어 등과 같은 직종이 각광받고, 전 세계적으로 프로그래밍 교육 열풍이 일어나며, 108개의 커리큘럼에 프로그래밍 언어가 포함되었다. 이처럼 사회 전반적인 분위기가 프로그래밍 언어를 배우지 않으면 도태라도 되는 것처럼 흘러가고 있다. 어쩌면 파이썬이 앞으로 영어 다음으로 가장 중요한 언어가 될지도 모른다. 그러나 우리는 영어가 여전히 파이썬보다 앞서 있다는 점에 주목해야 한다. 그럼 영어는 무슨 언어일까? 이 질문에 대한 정답은 바로 '자연어'이다.

좀 더 직접적으로 말하자면 프로그래밍 언어는 기계만 동원할 수 있지만, 자연어는 인간을 동원할 수 있다. 당신이 자연어를 제대로 배우기만 하면 프로그래밍 언어를 잘하는 사람에게 당신을 위해 일하도록 만들 수 있다. 소통, 표현, 강연, 브리핑, 심리상담, 위로, 격려와 같은 인간 사회의 기본 요소가 모두 자연어를 통해 이루어지기 때문이다.

인류의 발전사를 돌아보면 당신이 감동적인 소설을 쓰든 혹은 선동적인 연설을 하든 그 목적은 모두 '인간의 행동을 변화시키는 것'이다. 인권 운동가 마틴 루터 킹Martin Luther King Jr.의 역사상 가장 유명한 연설로 꼽히는 '나에게는 꿈이 있습니다I have a dream'는 뛰어난 소통과 표현 능력을 보여준다. 이 능력이야말로 성공한 사람들이 공통으로 가지고 있는 핵심 요소이다.

만약 마틴 루터 킹 박사의 사례가 너무 오래되고 멀게 느껴져 마음에 와닿지 않는다면 아이카라 CEO의 경험담을 참고해도 좋다. 그는 회사의 크고 작은 일들을 처리할 때 늘 협업을 통해서만 달성할 수 있고, 리더의 가치는 직원들을 하나로 집결시키고, '1 더하기 1이 2보다 큰' 효과를 발휘하는 데 있다고 강조했다. 그리고 이 모든 과정은 입으로 말하는 '자연어'에 의지해야 한다.

우리가 현재 챗GPT, 제미니, 코파일럿과 대화를 나눌 때 자연어를 잘할수록 정확한 지시를 내릴 가능성도 높아지고, 그 결과 역시 더 좋아질 수밖에 없다. 이는 예전에 자연어를 잘 다루는 사람이 선동과 소통에 능했던 것과 다르지 않다. 지금은 그 대상이 기계로 확대되었다고 볼 수 있다. 그 흐름을 타고 AI 가수나 프롬프트 엔지니어와 같은 직업이 새롭게 생겨났다(다만 이 직업이 미래에도 살아남을지는 미지수다). 만약 사람들과 교류할 때마다 날씨 얘기나 하고, 밥을 먹었냐고 묻는 등 무료하고 영양가 없는 말만 한다면 기계가 자신을 위해 임무를 완수할 수 있을지를 논할 필요조차 없다. 내가 보기에 프로그래밍 언어를 배웠을 때의 이점이 딱 한 개뿐이라면, 자연어를 제대로 배웠을 때는 일석이조의 효과를 거둘 수 있다. 사람들이 사람은 물론 기계와도 소통할 수 있으려면 먼저 자연어를 제대로 배워야 한다.

지금까지 오랜 기간 관찰해 본 결과, 동양인은 소통에 익숙하지 않았다. 우리의 교육 과정을 돌이켜 봤을 때 학생은 선생님의 지시와 가르침을 일방적으로 받아들이는 데 익숙하고, 그 결과 성적은 좋지만, 표현력이 부족한 모범생이 될 수밖에 없다. 그러나 창업을 하고, 사장이 된 후에야 나는 한 회사를 경영하려면 소통 능력이 뒷받침되어야 한다는 사실을 뼈저리게 느꼈다. 사실 지금 나의 일은 제일선에서 직접 집행하는 것과 거리가 멀고, 설사 직접 나서서 행동으로 옮길 능력이 있다 하더라도 대부분의 업무 내용은 말과 글을 통해 다양하게 전달하는 경우가 많다.

소통의 문제로 100점을 60점으로 만들지 마라

나는 좋은 회사는 소통을 통해 만들어진다고 누누이 강조해 왔다. 이것은 직원 누구도 예외가 될 수 없다. 특히 상사 자리에 앉아 있을수록 소통과 표현에 할애하는 시간의 비율을 더 높여야 하고, 결과적으로 100퍼센트에 근접할수록 좋다. 스타트업 초기 단계라면 먼저 투자자들이 당신을 믿도록 설득해야 한다. 하지만 무엇을 근거로 그들을 설득할 수 있을까? 그것은 당신의 제품을 멋지게 소개하는 능력에서 시작된다. 예를 들면 이런 식이다.

"챗 GPT가 출시되고, 대형 언어 모델이 주목을 받은 후 아이카라는 생성형 AI를 제품 생산에 도입하기 위해 발 빠르게 움직였고, 다양한 클라우드 질문에 즉시 대답할 수 있는 클라우드 GPT이자 인플루언서 제품을 검색하는 데 최적화된 콜레이더^{KOL Radar}를 출시했습니다."

신제품을 시장에 널리 보급하려면 대외적으로 수많은 소통이 필요하다. 만약 고객이 당신의 설명을 듣고 제품을 이해할 수 없다면 어떻게 그 제품을 선택할 수 있겠는가?

나는 막강한 전문적 능력을 갖췄지만, 그 장점을 제대로 표현하지 못하는 부류의 사람들을 종종 봐왔다. 그것은 일상은 물론 직장 속에서 치명적인 단점이 될 수 있다. 특히 지금처럼 모든 사람이 치열한 경쟁 속에 살고 있다면, 설사 전문적인 능력이 조금 약하더라도 소통과 표현 능력이 막강하면 60점을 90점으로 바꾸고, 모두의 주목을 받을 수 있다. 반대로 전문적인 능력치는 이미 100점인데도 그것을 말로 표현하고 소통하는 능력이 60점밖에 안 된다면 안타깝게도 그 능력이 주목받기는 힘들다.

전 세계인이 인터넷과 소셜 미디어를 통해 긴밀하게 연결된 지금, 좋은 아이디어와 좋은 글이 하룻밤 사이에 수많은 이에게 전달될 수 있다. 그 말인즉슨 표현과 소통에 능수능란한 사람일수록 그의 영향력을 훨씬 쉽게 발휘하며 능력치를 축적할 수 있게 된다(이로 인해 미디어가 발전하고, 개인 브랜드가 기업 브랜드를 앞지르기도 한다). 이것은 이전에 없었던 새로운 기회다. 지금 성급하게 자원을 분산시키기보다 전형적인 의사소통에 집중하는 편이 낫다. 자신의 말과 글이 세계적으로 확산되기만 하면 원하는 목표를 순조롭게 달성할 수 있기 때문이다.

컴퓨터의 전원을 끄고 생각 전원을 작동하라

그렇다면 소통과 표현 능력은 어떻게 강화해야 할까? 이것은 내가 아이카라 CEO 일을 집행하는 것과 더불어 가장 흥미를 갖고 고민하는 문제라고 할 수 있다.

한때 아이카라의 CEO가 아니라면 내가 무슨 일을 했을지 생각해 본 적이 있는데, 아마도 작가가 아니었을까 싶다. 나는 글을 한 편씩 쓸 때마다 기분이 날아갈 듯 좋아지고, 자아실현이라도 한 것처럼 강한 만족감을 느낀다. 글쓰기를 통해 복잡하게 얽혀 있던 지식을 일목요연하게 정리하고, 이해하기 쉬운 방식으로 커뮤니티에 올려 모든 사람과 공유한다. 그러면 독자들의 반응이 하나둘씩 보이는데, 그들이 나와 소통하며 토론하기를 원하면 그날 꽤 괜찮은 일을 한 듯한 기분이 들기까지 한다.

사실 글쓰기는 소통과 표현 능력, 논리적 구조를 훈련하는 방법이다. 나는 브리지워터 어소시에이츠의 창업자 레이 달리오Ray Dalio의 『원칙』을 참고해 쓴 〈Sega 사용 설명서〉에서 기억력이 좋아 메모를 하지 않는다고 밝힌 적이 있다. 그런데 대학생 시절 어느 날 나는 갑자기 메모를 하기 시작했고, 그때부터 지금까지 부지런히 메모하고, 글을 쓰고 있다. 이것은 내 기억력이 나빠져서가 절대 아니며(강조), 인터넷 시대로 접어들면서 사람들의 주의력이 산만해지기 시작했고, 메모와 필기가 자신의 생각을 정리하고, 감정을 가라앉히고, 스트레스를 풀고, 휴식을 취하는 데 도움을 주는 방식 중 하나라는 것을 알게 되었기 때문이다.

내 필기는 깔끔하게 작성되었고, 최근 주목하고 있는 기술, 아직 이해하지 못한 부분 등 중요한 내용에 따라 색을 달리 표기해 생각이 일목요연하게 드러나도록 했다. 또한 우리가 연구 중인 AI 모델, 뉴로모픽neuromorphic 칩 등은 주제별로 분류하고, 라벨을 붙여 하나하나 기록했다.

보통 진지하게 깊은 생각 모드에 들어가야 할 때 나는 컴퓨터를 떠나 글을 쓰는 방식으로 전환하며, 이 과정에서 의식을 행하는 듯한 기분과 몰입감을 즐긴다. 마음의 '흐름 상태flow state'에 들어서면 시간을 잊고 생산력이 폭발하게 되는데, 글쓰기는 나를 진정시키고 이런 마음의 흐름 상태에 들어갈 수 있게 도와준다. 그것의 효율성을 따지기에 앞서 글을 쓰는 과정에서 생각과 글쓰기를 동시에 진행하다 보면 정보가 머릿속에서 한동안 머물게 되고, 잠시나마 멈춰 상상할 수 있는 여지가 생긴다. 만약 컴퓨터로 타이핑을 하게 되면 들은 내용에 대한 입력과 출력이 빠른 속도로 진행되어, 정보가 머릿속에 오랫동안 머물러 있을 수가 없다.

글쓰기 능력이 쇠퇴하면
소통과 표현 능력도 떨어진다

나는 글쓰기와 관련해서 중요한 원칙을 하나 가지고 있다. 내가 사람들에게 어떤 일에 대해 간단한 방식으로 알려줄 수 없다는 것은 나 자신조차 그 일을 제대로 이해하지 못했다는 방증이다. 그만큼 표현 능력이 중요하다는 뜻이다. 나는 커뮤니티에 자주 글을 올려 이 원칙을 실천하고 있다. 아인슈타인은 이런 말을 했다.

"어떤 것을 쉽게 이해할 수 있는 방식으로 풀어낼 수 없다면 당신은 그것을 제대로 이해하지 못한 것과 같다."

즉, 아무리 복잡한 지식일지라도 쉽고 간단하게 표현할 수 있는 방식이 있다.

에드가 데일Edgar Dale의 '학습의 원추Cone of Learning' 안에는 강의, 독서, 시청, 시범 등 각종 학습 방식이 있고, 각 학습 방식의 '지식 기억률'은 조금씩 다르다. 학습의 원추에서 지식 기억률을 90퍼센트까지 끌어올릴 수 있는 가장 강력한 학습 방식은 '다른 사람을 가르치는 것'이다. 이때 특히 주의해야 할 점은 글을 쓰는 것은 책을 읽는 것과 다르다는 점이다. 당신은 독서를 통해 수많은 지식을 머릿속에 넣을 수 있지만, 그렇다고 해서 그 내용을 정리해서 명확하게 말할 수 있을까? 반드시 그렇다고 장담할 수 없다. 그러나 글쓰기는 한 번에 정리와 묘사를 완벽하게 다룰 수 있는 기술이다.

지금까지도 나는 아인슈타인의 말과 학습의 원추 이론에 전적으로 동의하며, 양자 역학처럼 어려운 물리학 이론도 처음부터 수학 공식으로 접근하기보다 먼저 글을 쓰는 방식으로 개념을 설명하거나 묘사하고, 그런 후에 천천히 입문하면 된다고 확신한다.

이 원칙을 실천하고 나면 당신은 어떤 일을 간단하고 이해하기 쉽게 말하기 위해 많은 시간과 노력이 들어간다는 것을 알게 될 것이다. 당신은 그 내용을 계속 이해하고, 요약하고, 정리하는 것뿐 아니라, 무슨 내용인지 이해하지 못하는 사람들까지 고려해 단어 하나하나를 신경 쓸 수밖에 없다. 그래서 나는 다양한 형식을 통해 표현 능력을 강화하고, 글이 돋보이도록 시각적으로 꾸미는 데 공을 들인다.

예를 들어 나는 유머러스하고 재치 있는 이미지를 모으는 것을 가장 좋아하는데, 가족끼리 놀러 가서 찍은 사진첩보다 이런 재미난 이미지를 모은 사진첩이 훨씬 더 많은 저장 공간을 차지할 정도다. 이런 사진이 보이기만 하면 모으는 것 역시 독자나 관중들과 소통하는 나만의 방식 중 하나이다. 때로는 이런 사진으로 표현했을 때 흡인력이 향상되고 청중의 공감을 더 쉽게 불러일으킬 수 있다.

예전에 한 교사가 대만 학생들의 글쓰기 능력이 산사태처럼 와르르 무너지는 중이라고 지적한 적이 있다. 그 말은 다음 세대의 소통과 표현 능력 수준이 나날이 떨어지고 있다는 의미를 내포하고 있다. 자신의 신념과 환경이 주는 경종 덕인지 나의 아내는 매일 딸에게 글쓰기를 시키고 있다. 세상에 글쓰기를 좋아하는 어린아이는 없을 테니 아이의 부담감도 커졌지만, 우리는 강요하기보다 아이가 글을 쓰는 데 도움이 되도록 유도하는 방식을 쓰고 있다.

예를 들어 아이에게 오늘 무슨 책을 읽었는지, 학교에서 무슨일이 있었는지, 주말에 우리가 어디로 놀러 갔는지, 어떤 일을 경험했는지 물어봐 주는 식이다. 그리고 이런 것들은 모두 작문의 주제가 될 수 있다.

처음 시작할 때 아이는 '어제 아빠랑 아이스크림을 먹으러 갔다. 참 맛있었다.' 정도의 무미건조하고 짧은 글밖에 쓰지 못했다. 그 후 우리는 아이의 생각과 기억을 끌어내기 위한 시도를 하며 어떤 아이스크림을 먹었는지, 아이스크림의 맛이 상큼했는지 아니면 물릴 정도로 달았는지, 먹고 난 후에 기분이 좋았는지 아니면 나빴는지 등의 질문을 던졌다(사실 AI가 어려운 질문에 대답하도록 서서히 유도하는 느낌이 들 정도였다). 한 번, 두 번, 세 번 정도 이런 과정을 거치자 아이의 표현 능력이 훨씬 더 좋아지는 게 눈에 보였다. 지금 아이는 1,000글자 정도 되는 글을 단숨에 써 내려갈 정도로 글쓰기에 익숙해졌다.

고도로 연결되어 있고, 너나 할 것 없이 주목받기 위해 경쟁하는 커뮤니티 시대에 페이스북의 알고리즘 통제에 불만을 품기보다 차라리 자본이 거의 들지 않는 글쓰기와 의사소통 능력에 투자를 강화하는 편이 훨씬 더 이득이다. 결국 이제까지 늘 그래왔듯 좋은 것은 더 빠른 속도로 전파되기 마련이고, 커뮤니티 사이트에서 좋은 글을 한 편 쓴다면 그 영향력 역시 빠르게 증폭될 것이다. 유입량이 있다면 디지털 시대에 두각을 드러낼 무기를 장악한 것이 아니겠는가?

CHAPTER 10

'문제 해결'은 가장
효과적인 학습이다

'목표를 설정하고 시작'하는 AI의 특성은 사람들의 학습 패턴에도 영향을 주기 시작했다. PBL(Project-Based Learning, 프로젝트형 학습)을 기반으로 한 '프로젝트 학습'은 현실 세계와 관련된 주제에 참여해 관련 지식과 기술을 습득할 것을 강조하며, 그렇게 만들어진 문제 해결 방안 역시 무한한 발전 가능성을 보여준다.

2016년 딥마인드DeepMind의 알파고AlphaGo가 세계 바둑 챔피언 이세돌 9단을 상대로 4승 1패의 성적을 거두며 전 세계를 깜짝 놀라게 만들었다. 알파고는 기보를 분석한 후 그것을 뛰어넘는 수를 계산해 냈다. 이것은 구글의 기계 학습 기술이 또 한 단계 큰 진전을 거두었다는 것을 의미한다.

인간은 알파고가 어떤 수를 두었을 때 그 이유를 모두 간파할 수 없으므로 지금 바둑계의 일부 전문가들은 알파고가 어떤 수를 두었는지 하나하나 되짚어 보며, 그것에 근거해 새로운 바둑 전략을 만들어 내고 있기도 하다.

결과에 기반한 '역방향' 학습

AI가 가져온 이런 '결과에 기반을 둔 역방향' 학습 현상은 사실 바둑계의 발전에만 영향을 미친 것이 아니라, 수학, 화학, 물리, 생물 등등 각 연구 분야에도 반향을 불러일으켰다. 기본적으로 그것은 먼저 모든 결과를 무차별적으로 전부 끄집어낸 후 새로운 수학 공식, 새로운 물리 발견을 제기할 수 있고, 그런 연후에 인간이 다시 그 이유를 직접 연구하는 것은 과학 연구의 방식을 완전히 뒤엎는 것과 같다.

그리고 지금은 이런 식의 '결과에 기반을 둔 역방향' 연구 방식이 사람들의 학습 방식에도 영향을 미치기 시작했다.

나는 대학에 다닐 때 컴퓨터 과학의 입문 과정인 '컴퓨터 개론' 수업을 들은 적이 있다. 그 내용은 컴퓨터 도구의 역사, 컴퓨터의 운영 시스템, 네트워크 등의 기초 지식, 구조, 응용 등을 포함하고 있어, 설사 인문학과 학생이라도 교양 과목으로 들을 수 있을 정도였다. 그런데 이것은 내가 대학을 다니던 그 시대의 산물에 불과하다. AI 시대에 그것과 대치될 만한 과정을 말하라고 한다면 분명 'AI 개론'이 될 테고, 어쩌면 이 과목은 최신 세대의 '컴퓨터 개론'답게 중·고등학교에서도 개설될지 모른다.

나는 앞으로 'AI 개론'의 교습, 강의 방식이 '결과에 기반을 둔 역방향'이 되어야 한다고 본다. 과거처럼 AI 기술을 처음부터 소개하는 것이 아니라 학생들이 가장 시급하게 이해하고 싶어 하는 AI 응용 지식을 먼저 알려주는 것이다. 지금 AI가 어떤 일을 할 수 있는지, 어떤 문제를 해결하는 데 도움을 줄 수 있는지 등을 가르치고, 학생들이 흥미를 느끼고 필요하다고 생각하면 그때 가서 컴퓨터 분야를 더 깊이 공부해야 할지 스스로 결정하면 된다.

예를 들어 교사는 생성형 AI가 등장하면 우리가 일본 여행을 갔을 때 일본어를 못해도 번역 앱 등을 이용해 현지 식당, 호텔의 직원들과 무리 없이 소통할 수 있다고 말해 줄 수 있다. 만약 컴퓨터와 관련된 정보라면 앞으로 우리가 오피스Office를 다룰 때 어느 단축키를 꼭 알아야 비교적 좋은 결과를 만들어 낼 수 있는지 먼저 알려주고(윈도우 11 작업 시스템에 '코파일럿 단축키'가 탑재될 예정임), 이어서 AI가 어떻게 훈련되는지, 전문가가 제공하는 자료가 무엇인지, 어떻게 학습하도록 가르치는지 등등을 논리적으로 풀어 설명해 주면 된다. AI의 학습 방식을 대략 설명했다면 과거 컴퓨터 개론 분야로 다시 돌아가 알고리즘, 데이터 구조, CPU, GPU의 운영 방식을 설명하게 된다. 이것이 바로 내가 상상한 미래 교양 과목 'AI 개론'의 교육 과정이다.

'역방향 학습'은 확실히 현실적이다

결과에 기반을 둔 AI의 역방향 특성 때문에 이어지는 교육 현장과 직장에서의 활용은 모두 PBL^{Project-Based Learning}을 기반으로 한 '프로젝트형 학습 방식'으로 전환되고, 이런 학습 방식을 통해 학습자는 보다 현실적으로 개인과 관련된 프로젝트에 직접 참여해 관련 지식과 기능을 얻을 수 있다. 더구나 이 과정에서 제기된 해결방안은 무한한 발전 가능성을 담고 있을 수밖에 없다. 사실 이것은 새로운 학습 방법이 아니고, 유럽과 미국에서는 이미 학교를 중심으로 대중화되어 있다. 다만 AI가 끌어낸 결과에 기반을 둔 역방향 학습 현상이 PBL의 가치를 더 중요하게 만들었을 뿐이다.

PBL의 가장 유명한 프로젝트는 인간을 화성에 보내는 것이다. 이것은 스페이스X^{SpaceX}의 CEO 일론 머스크로부터 시작되었다. 지난 수십 년 동안 화성 탐사선의 임무는 이미 눈부신 성과를 거두었지만, 인류의 화성 착륙은 여전히 거대한 도전 과제로 남아 있다. 지금의 기술을 감안해 봤을 때 인류가 화성에 도착하려면 적어도 6개월은 걸린다.

2003년 우주 탐사 기업 스페이스X가 설립되었을 때 머스크는 인류를 화성으로 이주시키겠다고 말했고, 그 말을 증명이라도 하듯 재사용이 가능한 초대형 우주 발사체 스타십Starship을 개발하고 테스트하며 목표를 향해 매진 중이다. 머스크처럼 불가능할 것처럼 보이는 목표를 향해 끊임없이 도전하고, 모든 자원과 기술을 최대한 동원하는 것이 바로 PBL의 학습 방식이다.

구글은 초창기에 열기구를 이용해 특정 지역의 사람들에게 빠르고 안정적인 와이파이 연결 서비스를 제공하고자 했지만 스파이 활동으로 오해받아 결국 그 사업을 중단했다. 그러나 전 세계 인구 중 27.3억 명이 여전히 인터넷에 접속할 수 없는 상황에서(2024년 기준), 이를 보완해 줄 좋은 대안을 찾는 것이 시급하다. 그 답은 일론 머스크의 스타링크Starlink 프로젝트 안에 있다. 이 프로젝트는 수천 개에 달하는 초소형 위성을 쏘아 지구 어디든 사용 가능한 저궤도 초고속 인터넷 서비스를 구축하는 것이다.

문제 해결에 더 효과적인 프로젝트 기반 학습법

정리해 보자면, 관리자나 교사가 제안해야 하는 프로젝트와 목표는 화성 이주나 스타링크 프로젝트처럼 최대한 '개방형 프로젝트'여야 한다. 수질 정화 및 위생, 탄소 배출 감소에

서부터 책임감 있는 소비와 생산에 이르기까지 전 세계적으로
관심을 기울이는 주제이거나, 지속 가능한 발전 목표^{Sustainable}
Development Goals, SDGs도 목표로 설정하기에 적절하다. 이러한
목표는 모두 확장성을 지니고 있으며, 상상력의 규모가 방대하
고 실현 과정이 어려운 특징을 가지고 있다. 그러므로 학생과 직
원들은 팀을 이루어 진행하고, 사용 가능한 모든 도구, 교재, 지
식을 총동원하거나 챗GPT, 구글 제미니 등 생성형 AI와 같은
수단을 활용해야 한다.

내 아내와 딸도 PBL 모델을 사용해 함께 배우고 있다. 지금까
지 두 사람은 두 가지 주제에 근거해 두 권의 동화책을 공동 제작
했다. 아내는 표현력이 매우 뛰어나고 글쓰기를 특히 중요하게
생각했기 때문에 딸이 시나리오 작가처럼 동화책의 이야기를
구성하도록 차근차근 이끌어줄 수 있었다. 동화책의 특성상 안
에 그림과 같은 요소가 반드시 들어가야 했지만 아내의 그림 실
력은 썩 만족스럽지 않았다. 예전에는 이것이 문제가 될 수 있었
겠지만, 지금은 텍스트를 이미지로 변환시킬 수 있는 생성형 AI
의 그리기 도구 미드저니를 이용하면 된다. 아내와 딸도 미드저
니에 지시를 내려 스토리에 필요한 그림을 그리도록 했고, 그 덕
에 멋진 그림을 완성했다. 그림 스타일이 매우 혼재되어 있어 때
로는 스폰지밥과 우라시마 타로(일본 유명 만화에 등장하는 주인공
이름)처럼 보이는 일부 캐릭터가 뒤섞여 있기도 하지만(미드저니

가 스폰지밥의 소재로 훈련을 받은 것이 분명하다), 모녀는 꽤 괜찮은 결과물을 얻은 것에 만족했고, 그 과정에서 생성형 AI 도구를 사용하는 법을 배울 수 있었다.

특히 주목해야 할 것은 PBL이 평가 방식에 영향을 미칠 수 있으니 학교나 기업이 학생과 직원을 평가하는 기준을 조정해야 한다는 점이다. AI 시대에 객관식, 빈칸 채우기, 논술과 같은 형식의 평가는 생성형 AI를 이기기 어려울 것이다. 챗GPT, 구글 제미니가 언제라도 당신을 위해 정확한 판단을 내려주고, 문장을 만들어 내는 현실 앞에서 인간은 이런 전형적인 시험에서 이미 기계에 패했고, 앞으로 이런 시험이 필요할지도 의문이다.

따라서 학생의 학습 성과를 평가할 때 더 이상 시험 성적이나 단일 지표는 기준이 될 수 없다. 이보다는 포괄적인 프로젝트를 통해 검증해야 한다.

예를 들어 내가 지금 프로그래밍 수업을 듣는다고 가정했을 때 프로젝트 점수의 비중이 이전의 50퍼센트에서 80퍼센트 이상으로 높아질 수 있고, 심지어 온전히 프로젝트 진행 과정과 성과에 따라 평가를 받을 수도 있다. 마찬가지로 학생의 경우 어느 정도의 결과물을 냈는지가 유일한 평가의 핵심이 아니라 그 과정에서 어떤 학습 능력과 하드웨어 및 소프트웨어 기능을 보여주었는지가 바로 실력을 검증하는 초점이 된다.

직장에서도 마찬가지다. 직원의 성과를 검증할 때 오로지 결과물만을 놓고 평가할 수 없다. 예전을 돌아보면 소프트웨어 엔지니어는 유튜브처럼 획기적인 제품을 만들어 내면 자신의 성과에 흡족해했다. 그들에게 고객은 단지 통계 데이터일 뿐이고, 자신과 상관없는 존재였기 때문이다. 하지만 프로그램을 아무리 잘 만들어도 팔리지 않으면 과연 무슨 소용이 있을까?

지금 아이카라는 이런 문제점을 감안해 결과에 기반을 둔 역방향 발전 원칙에 따라 PBL 모델을 경영에 구현하고 있다. 이에 발맞춰 AI 서비스를 겨냥한 팀을 구성하고, 연구진도 비즈니스의 최전선으로 지원을 나가 먼저 고객의 수요를 파악한 후에 무엇을 할지 결정하도록 하고 있다.

AI가 끌어낸 PBL 모델은 미래 교육이자 기업이 최고의 성과를 창출할 수 있는 솔루션 중 하나라고 믿는다. 우리는 진리를 추구하기 위해 배우지만, 그 배움의 더 중요한 본질은 실생활에서 맞닥뜨리는 수많은 문제를 해결하는 데 있다. AI는 단지 이 학습의 본래 의도를 되살려줄 뿐이다.

CHAPTER 11

'올바른 질문하기'는 최고의 능력이다

어떤 문제를 접했을 때 가장 좋은 방법은 바로 한발 물러서서 그 문제를 바라보는 것이다. 당장 반응하는 데 급급하기보다 그 문제의 진위에 의심을 품고 검토해 보는 여유가 필요하다. 올바른 질문을 할 수 있을 때 비로소 진정으로 문제를 해결할 준비가 되어 있다고 볼 수 있다.

2016년 세계 경제 포럼World Economic Forum, WEF에서 발표한 〈2016 미래 직업 보고서The Future of Jobs Report 2016〉의 분석에 따르면 가장 중요한 기술 항목에 비판적 사고, 협업 능력, 협상 능력 등이 포함되어 있다. 직업 능력 순위는 약간씩 변동이 있었지만, '복잡한 문제를 해결하는 능력Complex Problem Solving'만큼은 늘 부동의 1위 자리에서 밀려난 적이 없다.

'뷰카 시대', 문제는 더 이상 단순하지 않다

　세계 경제 포럼이 이 문제를 직접 지적한 것은 상당히 장기적 안목으로 매우 강력한 메시지를 전달한 것이다. 대부분은 '문제 해결'을 중요하게 생각하다. 우리는 어릴 때부터 대학에 들어가기까지 빈칸 채우기, 객관식 문제, OX 문제 등을 통해 다양한 문제를 해결하며 자라왔다. 그러나 세계 경제 포럼이 제기한 문제 해결은 단순하지 않다. 그들이 주목한 것은 '뷰카VUCA* 시대'에 살고 있는 우리에게 반드시 필요한 '복잡한 문제 해결'이다. 이런 시대에 우리는 미디어, 소셜 네트워킹 사이트, 통신 소프트웨어 등 사방팔방에서 폭발적으로 쏟아져 들어오는 정보를 매일 접하고 있다. 하지만 모든 사람은 거의 일방적인 정보만을 습득할 뿐이다. 이 말인즉슨 누구나 불확실한 상황에서 의사 결정을 내리고, 그 결과 부정확한 방안으로 문제를 해결하는 것과 같다.

　게다가 AI가 우리 삶 속에 깊숙이 파고들었다. AI는 본질적으로 여러 분야에 걸쳐 응용이 가능한 기술이며, 다양한 영역의 사고로 확장될 수 있다. 이제 사람들은 '단순한 문제'뿐 아니라 더 '복잡한 문제'에 직면해야 한다.

---

* **뷰카(VUCA)** : 변동성(volatility), 불확실성(uncertainty), 복잡성(complexity), 모호성(ambiguity)의 약자로 지속적으로 변동하는 불확실한 시대를 통틀어 이르는 단어다. 지금은 비즈니스 관리, 기업 경영 분야에까지 폭넓게 사용된다.

일례로 2023년 말에 《뉴욕 타임스》는 오픈AI와 마이크로소프트를 저작권 침해로 고소했다. 그들은 오픈AI와 마이크로소프트가 저작권의 사용 허가를 받지 않은 상황에서 독자적으로 《뉴욕 타임스》의 콘텐츠를 생성형 AI를 훈련하는 데 사용했다고 주장했다.

만약 당신이 오픈AI의 공동 창립자이자 CEO인 샘 알트만 Sam Altman이라면 이런 소송을 마주했을 때 무엇을 고려해야 할지 생각해 보자. 당신은 이 일을 어떤 문제로 정의해야 할까? 이것은 회사의 위기일까? 아니면 기회일까? 당신이 마음을 가라앉히고 이런 문제를 숙고해 본다면 이 일이 콘텐츠, 과학 기술, 법규, 저작권, 회사 운영 등 여러 영역에 걸쳐 상당히 복잡하게 얽혀 있는 문제라는 것을 발견하게 될 것이다.

어쩌면 알트만은 자본의 힘으로 법률을 억압하고 무시할 수 있다고 여기며 강력한 반격을 선택할 수도 있다. 막강한 자본력이 있으니 누가 덤벼도 무서울 게 없고, 오로지 오픈AI의 발전만 바라보며, 그 외에 걸림돌이 되는 모든 것을 하나하나 발로 차버리는 것이다. 세상에는 돈으로 해결되지 않는 문제가 없고, 만약 있다 해도 더 많은 돈을 쓰면 된다. 그러나 이런 일 처리 방식은 결국 언젠가 나를 곤경에 빠뜨리지 않을까?

또 알트만은 2023년 말 오픈AI와 유럽 최대 미디어 그룹 악셀 스프링거Axel Springer의 라이선스 협의처럼 직접 호의를 베풀어 《뉴욕 타임스》와 계약을 맺고 합법적으로 비용을 지불한 후 콘텐츠를 사용하도록 할 수도 있다. 그러나 이런 식으로 계속 가다 보면 세상의 모든 콘텐츠 제조사와 미디어 제조사가 나에게 돈을 요구하지 않을까?

이런 사건에 대응하는 데 사용할 수 있는 결정 옵션은 훨씬 많지만, 문제는 어떤 선택을 하든 그로 인해 초래되는 영향력이 상당히 광범위하고 예측 불가하다는 것이다. 이것이 바로 우리가 지금 대면하고 있는 뷰카 시대이다. 이런 시대 속에서 당신은 모든 결정이 어떤 영향을 미칠지, 복잡한 문제를 해결하는 것이 왜 이 시대의 가장 중요한 기능인지도 전혀 알 수 없다.

참고로 알트만은 《뉴욕 타임스》의 고소에 맞서 상당히 의아한 대응 방식을 선택했다. 바로 오픈AI가 《뉴욕 타임스》를 반격하게 한 것이다. 즉, 《뉴욕 타임스》가 챗GPT의 사용자 협의를 위반하고, 챗GPT를 '해킹'해 저작권 침해의 증거 자료를 뱉어내게 했다고 비난했다. 그리고 이런 대응의 속셈이 도대체 무엇인지를 아는 사람은 오로지 알트만 자신뿐이었다.

복잡한 문제 해결을 위한 '올바른 질문'의 필요성

'복잡한 문제를 해결하는 능력'을 갖춘다는 것은 말처럼 쉬운 일이 아니다. 이를 위해서는 먼저 '올바른 질문'을 해야 한다. 질문조차 제대로 하지 못하면 엉뚱한 답변을 들을 수도 있기 때문에 이 문제는 AI 시대에 더 중요해질 수밖에 없다.

당신이 AI와 질의응답을 할 때 이런 문제는 더 불거진다. 챗GPT 혹은 제미니가 제공하는 답변의 품질은 당신의 질문 수준과 상당히 연관되어 있기 때문이다. 당신이 상세하고 명확하게 질문을 설정할수록 더 나은 답변을 얻을 가능성이 높아진다.

그래서 질문하는 것은 기초교육에 반드시 들어가야 하고, 프로그래밍보다 더 중요하게 다루어져야 한다. 그 속에는 질문할 용기, 계속 질문을 이어갈 수 있는 능력 또한 포함된다. 어떤 사람은 천성적으로 질문을 잘하기도 한다. 그는 창피함을 그다지 두려워하지 않고, 질문하는 것이 아주 직관적인 일이라고 느낀다. 어쨌든 그에게 질문은 밥 먹고, 물 마시고, 잠자는 것처럼 일상적이고 대수롭지 않은 일이다.

스탠퍼드대학에서 석사과정 첫 번째 학기를 밟을 때 이탈리아 출신의 한 학생이 '수치 분석' 첫 강의 시간에 바로 손을 들고 이런 질문을 했다.

"교수님, 학생증은 어디서 받아야 하나요?"

그때 다른 학생들은 하나같이 그의 질문에 의아해하며 속으로 이런 생각을 했을지 모른다.

'바보 아냐? 수업 시간에 갑자기 저런 질문을 한다고?'

'학생증이랑 이 수업이 무슨 상관이야?'

'신입생 오리엔테이션에 자기가 빠져놓고, 왜 여기서 교수에게
이런 질문을 하는 건데?'

그런데 놀랍게도 교수는 그 학생에게 행정동에 가서 학생증
을 수령하라고 했고, 심지어 행정동으로 가는 길까지 상세히 알
려주었다. 그 당시 나는 그 상황에 눈이 휘둥그레졌다.

그런데 문제는 그런 식의 질문이 그때 한 번으로 끝나지 않았
다는 것이다. 수업할 때마다 그 학생은 여전히 '해리포터 시리즈'
의 헤르미온느처럼 계속해서 손을 들고 질문을 해댔다. 그런데
놀랍게도 학기가 끝날 무렵이 되자 그 학생의 질문 수준은 마치
경지에 오른 사람처럼 심오하게 변해 있었다. 그는 바보 같은 질
문에서부터 시작해 조금씩 성장하더니 끝내 극도로 어려운 질문
까지도 제대로 정곡을 찔러 할 줄 아는 성장 과정을 보여주었다.
이것이 내가 처음으로 '질문'의 힘에 대해 깨닫는 순간이었다.

용감하게 맨 앞줄에 앉아 당당하게 질문하라

훗날 나는 이 친구와 교수가 질의응답을 통한 상호작용 속에
서 서로 계속 발전하고 있었다는 것을 깨달았다. 한 사람은 가르

치고, 상대방은 다시 반론을 제기하며 질문하기 때문에 실제로 서로 함께 배우는 효과를 낳은 것이다.

'질문을 한다는 것'은 지식에 대한 강한 갈망을 나타내기 때문에 스펀지처럼 대답을 흡수하고, 언제든 지식을 머릿속에 넣을 준비가 되어 있다. 그리고 가르치는 사람은 같은 내용을 거듭 반복하는 과정이기 때문에 질의응답 과정이 자신의 강의 내용을 더 완벽하게 숙지하는 시간이 된다.

반대로 혼자 도서관에서 자료를 찾는다면 학습 피드백의 순환 시간이 너무 길어진다. 진짜 효율적인 피드백 순환은 바로 질문과 답변 방식을 활용하는 것이다. 서양 교육에서는 적극적으로 손을 들고 질문하는 것의 중요성을 매우 강조한다. 만약 당신이 계속 조용히 앉아 수업만 듣는다면 교수는 심지어 당신이 어딘가 아프다고 생각할지도 모른다.

이 일은 나에게 큰 영감을 주었다. 나 같은 경우 대만에서 공부할 때만 해도 강의실 뒤편 구석진 자리에서 수업을 듣는 데 익숙했고, 맨 앞자리에서 강의를 듣는 것은 상상조차 할 수 없는 일이었다. 교수님이 질문을 던지기 위해 누군가를 호명할 때면 늘 고개를 숙이고 어떻게든 그 상황을 피하려고 애썼다. 이런 현상은 대만에서 매우 흔한 일이고, 거의 80퍼센트가 이런 식으로 성장했다.

그러던 내가 유학 생활 중 이탈리아 학생의 행동을 보면서 어느 순간 정신이 번쩍 들며 전환점을 맞았다. 더 이상 이런 식으로 공부해서는 안 될 것 같고, 반드시 먼저 이 심리적 족쇄를 깨고 용기를 내서 질문해야 한다는 깨달음이 생긴 것이다. 그렇지 않으면 더 많은 것을 배울 기회를 놓칠 것만 같았다.

서양인의 관념 속에서 배움의 기회는 자신이 만들어야 하고, 교수는 단지 커리큘럼의 내용을 알려주는 한 사람에 불과하다. 강의를 통해 배우는 것은 당신의 몫이고, 그들은 당신의 학습 성과에 책임을 지지 않는다. 정말 혼자 힘으로 이해하기 힘든 부분이 생기면 그것을 배울 당시에 왜 손을 들고 질문하지 않았는지, 과감하게 입을 열지 못한 이유가 무엇이었는지에 대해 먼저 생각해 봐야 한다. 학습의 책임은 나 자신에게 있다. 그래서인지 외부 강연을 나갔을 때 맨 앞줄에 아무도 안 앉아 있는 걸 보면 예전 유학 시절이 생각나고는 한다.

나는 여러분이 무엇을 두려워하는지 잘 모르겠다. 사실 두려워할 만한 것은 아무것도 없고, 어쩌면 단상 위의 강사가 당신보다 더 긴장하고 있을지 모른다. 모든 것은 우리 자신의 잘못된 편견에서 비롯된다. 질문하면 창피하고, 자신이 바보처럼 보일까 봐 두려운 것일 수도 있다.

즉각적인 반응 대신 심사숙고하라

한편 나는 '질문이 있으면 답을 찾는 것'이 조건 반사와 같은 행동이라는 것에도 주목했다. 사실 질문을 받았을 때 먼저 한발 물러서서 문제를 바라보는 것이 더 좋은 접근법이다. 예를 들어 경영진이 환율이 떨어졌다는 소식을 들으면 위험을 피할 계획을 생각하는 데 급급할 수 있다. 그런데 며칠 후에 환율이 또 안정되었다면 원래의 문제는 이미 전혀 존재하지 않는 것이 되어 버린다.

올바른 질문을 하고, 이를 해결하는 것이 얼마나 중요한지 알고 난 후 내가 아이카라의 CEO로서 한때 직면하고, 해결해야 했던 문제에 대해 말해 보고자 한다. 그 당시 나는 '대만에서 소프트웨어 엔지니어를 찾을 수 없다면 어떻게 해야 할까?'라는 질문과 맞닥뜨렸다.

내 머릿속에 가장 먼저 든 생각은 이런 것이었다.

'대만에서 소프트웨어 엔지니어를 찾지 못하면 어떻게 할까, 라는 명제가 맞는 것일까? 대만에서 정말 소프트웨어 인재를 찾을 수 없을까?'

내가 말하고 싶은 것은 바로 이런 부분이다. 어떤 상황과 맞닥뜨렸을 때 조건 반사적인 반응이 아니라 '올바른 질문'을 먼저 할 줄 알아야 한다. 상황을 더 자세히 분석하고 차근차근 문제를 파헤친다면 사실 대만에서 소프트웨어 엔지니어 기사가 부족한 게 아니라, 우리가 적극적으로 인재를 찾지 않았을 뿐이라는 사실을 알 수 있다. 그렇다면 이 질문은 처음부터 성립되지 않는다.

질문의 진위를 의심할 줄 모른다면 그것은 진지하게 문제를 해결할 준비가 되어 있지 않다는 것을 의미한다.

명제가 성립되고, 대만에서 정말 소프트웨어 엔지니어를 찾을 수 없다면 그다음 단계로 넘어가 해결방안을 제시하고, 대만에서 소프트웨어 인재를 찾을 수 없는 원인이 무엇인지 고민해봐야 한다. 인력이 부족해서일까? 그렇다면 인력은 왜 부족한 것일까? 우리가 직접 수집한 정보와 경험으로부터 볼 때 한 소프트웨어 엔지니어에게 오퍼를 보내면 반도체 제조업에서 최대 50퍼센트의 추가 연봉을 제시하고 데려가는 경우가 많았다. 대만 소프트웨어 산업 분야의 인력 부족 현상을 초래한 원인을 따져보면 전통적인 IC 반도체 제조업체에서조차 디지털 인재를 빼앗아가 자신들의 'ABC(인공지능, 빅데이터, 클라우드)' 인재풀을 구축할 준비를 하고 있기 때문이다. 이러한 논리와 단계를 따라가면서 올바른 질문을 하다 보면 체계적인 사고와 자신이 구비한 다양한 소프트웨어 기능을 통해 상응하는 해결방안을 제시할수 있다.

고도로 불확실한 세계에 살면서 크고 작은 문제를 처리하는 것은 이미 개인과 팀의 일상이 되었다. 세계 경제 포럼에서도 발표했듯이 복잡한 문제를 일목요연하게 분석하고, 세분화해서 처리하는 것은 의심의 여지 없이 21세기에 가장 중요한 능력이 되었다.

CHAPTER 12

비판적 사고 능력이 강해야 AI를 잘 다룰 수 있다

생각하지 않으면 AI는 당신보다 훨씬 강해진다.

어떤 일에 대해 자신의 생각을 제시하고, 독립적 판단을 내릴 수 있어야 당신은 비로소 특별해질 수 있다.

우리가 하드웨어의 기능에만 의지해 살아간다면 기계와 무엇이 다르겠는가?

챗GPT, 제미니, 코파일럿을 이용해 프로그램 작성, 비즈니스 문서 작성, 번역 작업을 해달라고 명령을 내리거나 영감을 달라고 요청하면, 그들은 마치 만능 무기처럼 그대로 의견을 수용할 뿐 아니라 빠르고 완벽한 처리 능력을 보여준다. 우리는 이런 AI의 성능에 놀라움을 느끼는 동시에 인간이 AI로 대체되는 세상이 될까 봐 두려워진다. 그러나 현재까지 AI가 해낼 수 없는 일이 적어도 하나는 있다는 것이 분명해졌다. 그것은 바로 '비판적 사고 능력'이다.

나는 '비판적 사고'가 인간의 마지막 보루이자, 인간과 기계를 나누는 가장 중요한 요소라고 생각한다. 아무리 챗GPT가 프로그램을 작성하거나 번역을 하고, 미드저니가 그림을 그리고, 심지어 로봇이 노래를 부르고 춤을 추며 사람의 동작을 따라 할 줄 안다고 해도 결국 AI는 주도적으로 어떤 일을 수행할 수 없다. 당신이 AI에게 지시를 내리기 전까지 그것은 당신의 지시를 기다리고 있을 뿐이다.

인간과 기계의 가장 큰 차이는 무엇일까?

'주도적'인 비판적 사고 능력은 지금 우리가 AI를 앞서는 몇 안되는 기능 중 하나일지 모른다. 이 부분에서 인간은 AI와 매우 다르다. 일단 여기서는 '비판적' 특징을 잠시 보류하고, 한발 물러서서 '사고'에만 먼저 집중하도록 하자.

인간은 생각할 줄 알기 때문에 눈앞에 맞닥뜨린 크고 작은 일을 해결할 수 있고, 그런 일을 삶의 경험으로 체화시키고 나면 같은 일이라도 다른 감정을 갖고 창의적으로 생각하게 된다. 이것이 바로 우리가 여전히 우위를 점하는 부분이다.

비록 누군가는 기계도 전혀 상관없어 보이는 사물을 서로 연결시킬 수 있으니 창의적이라고 말할지 모른다. 창의성에 대한 정의는 사람마다 다르지만, 대부분의 창의적 혁신은 서로 관련이 없어 보이는 두 가지 사물의 연결과 조합을 통해 만들어진다. 그리고 AI는 추리를 통해 인과 관계를 찾아내고, 더 나아가 지식을 연결할 수 있으므로 현 상황에서 AI가 우리가 정의하는 '창의적 능력'을 가지고 있는 것만은 확실해 보인다.

그러나 AI와 인간이 만들어 낸 결과물을 자세히 들여다보면 여전히 차이가 존재한다는 것을 발견할 수 있다. 예를 들어 챗GPT가 작성한 비즈니스 문서와 문안을 보면 표현은 뛰어날지 몰라도 문장의 구조적인 면에서 정해진 틀을 벗어나지 않아 '개성'이 느껴지지 않는다. 아주 가벼운 주제조차도 수미쌍관을 이루며 마지막에 결론을 마무리 지으려고 하니 어색하기 짝이 없다. 반면에 사람이 쓴 글은 논리적 오류가 보일 수 있지만, 이것조차도 인간의 독특한 개성을 부각시키는 요소로 작용한다.

결국 관건은 인간이 머리를 써서 생각하기를 원하는지 아닌지에 달렸다. 만약 당신이 생각하지 않는다면 AI가 당신보다 대단한 셈이다. 내가 당신에게 의견을 물을 때마다 당신은 항상 '떠오르는 게 없다', '다 괜찮다', '잘 모르겠다', '생각이 안 난다'는 식으로 대답한다면, 나는 차라리 챗GPT에게 물어보는 편을 선택할 것이다. 결국 AI가 검색 엔진처럼 나에게 더 정확한 답을 줄 테니 말이다. 설사 그것이 터무니없더라도 반드시 답을 만들어

널 테고, 결과적으로 나에게 영감과 아이디어를 줄 것이다.

'사고'를 '비판적 사고'로 확장한다면 간단한 주제에 대해 자신의 관점을 제기할 수 있는지, 아니면 남의 의견에 부화뇌동할 것인지가 관건이 된다. 당신이 어떤 문제에 대해 자신의 독창적인 생각을 제시하고, 독립적인 판단을 할 수 있을 때, 당신은 비로소 특별해진다. 이런 것이 가능해야 사람은 서로 다른 특성을 가질 수 있고, 이런 점은 인간과 기계의 구분을 위해서도 반드시 필요하다. 그렇지 않고 우리가 단지 약간의 하드웨어 기능에만 의존해 매일을 살아간다면 기계와 무엇이 다르겠는가?

첫눈에 들어오는 것에 휩쓸리지 말자

물은 배를 띄우기도 하지만 전복시킬 수도 있다. 정보가 범람하는 시대에 영화 속 주인공의 얼굴을 바꾸는 딥페이크^{Deepfake} 기술은 이미 정부 기관에서 지속적으로 경고하는 사기 수법 중 하나이다. 생성형 AI가 널리 사용되면서 사람들의 생산력이 증가한 반면, 이것이 사기 범죄에 악용되는 사례도 넘쳐나고 있다. 인간이 식별할 수 없을 만큼 실제처럼 보이는 사진과 콘텐츠를 생산한 후 검색 엔진에 영향을 주어 허위 결과물을 전면에 드러내는 식이다. 그렇게 되면 사람들은 클릭 한 번에 잘못된 방향으로 쉽게 끌려가게 되고, 그것을 다시 여기저기 전달한다. 가짜 정보는 이렇게 끊임없이 전달되며 세상에 퍼져 나간다.

그렇다면 비판적 사고로 돌아가 그것이 인간에게 왜 최후의 보루인지 생각해 보자. 아이카라 역시 비판적 사고를 직원들이 갖추어야 할 여섯 가지 필수 기능 중 하나에 포함했다. 우리는 고도로 불확실한 세상 속에서 살고 있으므로 직원들에게 독립적 사고와 다방면으로 검증을 구하는 능력을 갖추고, 첫눈에 들어온 것을 즉각적으로 믿지 말라고 권고하고 있다. 이렇게 했을 때 가장 좋은 점은 속임수에 넘어가지 않고, 다양한 관점을 얻을 수 있다는 것이다.

예전에 나는 색이 특이했던 커피잔을 하나 가지고 실험해 본 적이 있다. 세 사람에게 이 커피잔의 색을 물었을 때 뜻밖에도 세 사람은 은색, 회색, 검은색이라고 각기 다른 대답을 했다. 이 경험은 내게 깊은 인상을 남겼다. 이렇게 단순한 일에서조차 사람들의 답이 모두 달랐기 때문이다.

이것만 봐도 우리가 더 복잡한 문제와 일에 직면했을 때 사람의 관점이 결코 같을 수 없다는 것을 미루어 짐작할 수 있다.

그래서 우리는 항상 다른 사람의 입장에서 생각해 보고, 모든 사람이 당신의 생각과 같을 거라고 속단해서는 안 된다.

무조건 많이 보고, 많이 듣고, 많이 읽어라

나는 어릴 때부터 항상 끝까지 파고들며 배우는 것을 좋아했고, 세상이 어떻게 돌아가는지 그 원칙을 알고 싶어 했다. 어떤 일이 어떻게 돌아가는지 잘 모르면 답답해졌고, 그것을 알기 위해 계속해서 교육과 배움의 과정을 거쳤으며, 의식적으로 세계 고전, 노벨상 수상 작품, 일본 추리소설부터 심리학, 사회과학, 물리학 등에 이르는 다양한 분야의 책을 읽고, 드라마, 연극, 영화까지 골고루 섭렵했다. 당연히 이런 식의 공부는 지식을 채우는 데 도움이 되었고, 다양한 관점을 접하게 해 주었다.

예를 들어 아이카라는 B2B 사업을 추진하며 AI 기반의 데이터 서비스 '콜 레이더KOL Radar'를 출시했다. 이것은 원래 마케팅 담당자를 대상으로 플랫폼을 통해 마케팅에 적합한 인플루언서를 찾도록 도와주는 서비스로, AI를 통해 더 정확한 데이터를 제공하는 데 목표를 두고 있다. 그러나 생성형 AI가 등장한 후 나는 콜 레이더의 최적화 방법과 새로운 요소를 어떻게 접목할 수 있을지 끊임없이 고민하게 되었다. 그 결과 기존의 익숙한 인플루언서 마케팅 분야에서 이슈를 끌어내 콜 레이더의 외부 프로그램을 만들고, 마케터들이 인플루언서의 인스타그램을 검색할 때 화면 옆에 곧바로 대시보드를 띄워 인플루언서의 상호작용과 가치 수준을 즉각적으로 확인해 평가와 분석을 할 수 있게 했다. 또한 이것을 통해 피싱 방지도 가능해졌다.

이런 예로부터 볼 수 있듯이 제품의 디자인이든 비즈니스 전략이든 내가 도전하고 싶은 것은 기존의 가설이다. 지금 전 세계 인플루언서의 마케팅 시장 규모는 연간 211억 달러에 달하고, 연간 성장률은 30퍼센트에 육박할 만큼 엄청난 성장 잠재력을 갖고 있다. 이런 이유로 우리가 자료 분석의 핵심 능력을 활용해 마케팅 과학 기술 방면으로 인플루언서 마케팅에 주력한 것은 어쩌면 당연한 결과였다.

그런데 나는 이것만으로는 부족하다는 생각이 들었다. 지금 사회의 가장 심각한 문제 중 하나는 피싱phishing이고, 우리의 강력한 데이터 분석 능력을 바탕으로 기존의 분야에서 확장해 더 상세한 정보를 제공한다면 피싱 방지에도 효과가 있을 것 같았다. 이처럼 기존의 틀에서 벗어나 다른 관점에서 한 가지 문제를 바라보는 것이 바로 '비판적 사고 능력의 발현'이다.

비슷한 이치로 비판적 사고 능력을 키우려면 많이 보고, 많이 듣는 것이 선결 조건이며, 여기에는 독서, 여행, 타인과의 교류와 같은 활동이 중요하다. 이런 활동들은 높은 아이큐나 뛰어난 논리력을 필요로 하지 않는다. 당신이 조금만 더 시야를 확장하고 책을 읽는다면 얼마든지 독립적으로 자신의 논리를 피력하고, 다양한 관점을 가질 수 있으며, 사고를 주변으로 연결시켜 기본적으로 어느 정도의 비판적 사고 능력을 갖출 수 있다.

지금 너무 많은 사람이 AI로 대체될까 봐 걱정하고 있지만, 그런 우려를 할 시간에 차라리 자신의 비판적 사고를 키우고, 인간만이 지닌 고유한 특성을 무기 삼아 AI나 기계와 다른 가치를 보여주기 위해 노력하는 편이 낫다.

명심하라. 인간은 AI처럼 살지 않는 한 AI로 대체되지 않는다.

CHAPTER 13

관성을 깨고
성장 마인드를 키우자

인간은 습관의 동물이고, 자신의 습성을 자각하기 쉽지 않다. 그러나 성장 마인드를 가진 사람은 주변 사물에 호기심을 드러내기 때문에 작업 과정에서 새로운 도구를 발견하고, 이를 통해 새로운 것을 배운다.

'학습'과 관련해서 많은 사람이 가진 고정관념은 졸업만 하면 배움이 끝난다고 생각하는 것이다. 그러나 우리는 정보가 폭발하는 세상에 살고 있고, 과학 기술은 끊임없이 새로운 것을 향해 진보하고 있다. 이런 현실 속에서 배움에 어떻게 '끝'이 존재할 수 있겠는가? 사실 매일 새로운 것이 등장하고, 이번 달에 배운 기술과 습득한 새로운 지식이 다음 달에는 별반 소용없어질지도 모른다.

내 경우도 공부에서부터 창업에 이르는 시기 동안 프로그래 밍 언어의 빠른 혁신 속도에 깊은 인상을 받았다. 2007년 애플이 1세대 아이폰을 출시한 후 스마트폰은 전 세계에 획기적인 변화를 몰고 왔다. 당시 나는 구글에서 일하면서 전 세계가 빠르게 변하고, 프로그래밍 언어 역시 나날이 새로워지고 있다는 것을 절감했다. 계속해서 새로운 기술이 업데이트되는 세상에 살다 보니 매일 스트레스에 시달리며 마음만 초조해졌고, 변화에 뒤처지지 않기 위해 도대체 어떤 기술에 리스크를 감수하며 올인해야 하는지 고민만 커졌다.

'평생 학습'은 절대적인 옵션이 되었다

그 후 다양한 영역의 과학 기술도 각양각색의 혁신 대열에 동참했다. 예를 들어 지난 몇 년 동안 유전자 코드의 해독 기술이 발전하면서 누구나 이용할 수 있을 만큼 비용이 빠르게 낮아졌고, 자율주행차가 일부 영역에서 상용화되고, 머스크의 스페이스X가 로켓 발사에 성공했다. 이전에 누구도 상상할 수 없었던 이런 일을 개인 기업이 해낼 수 있으리라고 누가 상상했겠는가? 물리학은 양자 역학을 다시 새롭게 부각할 만큼 발전했고, 양자 컴퓨터가 곧 우리의 삶 속으로 들어올 듯하다. 우리가 매일 접하는 AI는 더 말할 필요도 없다.

최근에 가장 인상 깊었던 '급변'은 바로 2023년 11월, 오픈AI의 공동 창업주이자 CEO인 알트만의 해임과 복귀의 과정이 고작 일주일도 채 걸리지 않았다는 것이다. 원래대로라면 몇 개월 심지어 몇 년 동안 길게 끌고 가던 직장 내 암투극이 마치 두 배속으로 빨리 감기를 하고 있는 듯하다. 어쩌면 우리가 회의하느라 몇 시간 X(옛 트위터)에 들어가지 않은 동안 모든 게 바뀌어 있을지도 모를 일이다. 결국 그날 나는 하루 종일 페이스북에서 이 궁중 암투극의 실시간 중계를 보느라 아무 일도 하지 못했다.

내가 강조하고 싶은 것은 생성형 AI가 등장한 후 모든 일에 가속도가 붙어버렸다는 사실이다. 챗GPT, 클라우드 등과 같은 도구는 조만간 더 빠르고, 더 많은 텍스트를 읽을 수 있고, 더 완벽한 문법이 적용된 문장을 보여줄 것이다. 또 프로그래머는 언어 모델을 사용해 프로그램 언어를 연구하고, 결함을 확인할 수 있게 된다. 최근 들어 파이썬 혹은 자바 스크립트Java Script 등과 같은 프로그램 언어의 버그를 잡아내고, 프로세서를 개선하는 속도가 빨라지고 있다.

대형 언어 모델의 프로세스 개선도 상당히 놀랍다. 오픈AI는 2022년 11월 말에 챗GPT를 출시했고, 넉 달 정도 지난 후 차세대 언어 모델 GPT-4를 내놓았다. 알트만은 GPT-5를 빠른 시일 안에 선보일 거라고 예고했고, 뒤이어 7월에도 라마 2LLaMA 2를 발표했다. 구글은 2023년 12월에 제미니 전 시리즈 모델을 한 번에 발표했다.

한편 생성형 AI의 훈련과 실행에 들어가는 비용과 시간도 마찬가지로 빠른 속도로 줄어들고 있다. 프로그램 작성의 경우 프로그래머는 대개 오피스나 워크스페이스처럼 자신이 선호하는 코드 편집기를 가지고 있다. 예전에는 AI 모델이 나오면 다들 이 모델을 어디에 적용해야 하는지, 어떻게 사용해야 하는지 묻는 게 수순이었다. 그런데 지금은 통합 솔루션이 잇따라 출시되면서 마이크로소프트는 AI의 자동 완성 프로그램의 플러그인 '코파일럿'을 다양한 개발 도구에 빠르게 통합시켰다. 좀 더 쉽게 말하자면 프로그래머들은 모델을 어떻게 배치할지 더 이상 고민할 필요 없이 편집기만 다운로드하면 되고, 그 안에 탑재된 생성형 AI가 프로그램의 작성을 직접 지원한다.

AI의 빠른 발전으로 인해 2023년 내가 가장 놀랐던 일 중의 하나는 무료 논문저장사이트 아카이브arXiv에서 매일 AI와 관련된 수백 편의 새로운 논문이 업로드된다는 사실이었다. 이것은 내가 지금까지 본 적 없는 AI 열풍이었고, 세계적으로 더 많은 최첨단, 최전선의 연구 결과가 쏟아져 나오고 있다는 것을 의미한다. 당신이 이런 거대한 양의 정보를 접했을 때 이 과학 기술의 혁신이 얼마나 많은 지식의 결과물인지 알게 되면 아무리 배워도 그 방대한 지식의 발뒤꿈치에도 못 미친다는 것을 깨닫게 될 것이다.

그렇다면 이런 변화에 직면해서 학교를 떠나는 순간 배움도 끝이라는 생각이 과연 옳을까? 아니다. 어릴 때부터 들어왔던 '평생 학습'이 다소 진부할 수 있겠지만, 지금 이 시대에는 절대적으로 필요한 말이 되었다.

성장 마인드로 암석 같은 습관을 깨부숴라

특히 주의해야 할 점은 평생 학습이 '성장 마인드'와 연동되어야 한다는 것이다. '성장 마인드'는 스탠퍼드대학교 심리학과 교수 캐롤 드웩 Carol Dweck이 제기한 개념이다. 그녀는 성장 마인드를 가진 사람만이 강한 학습 의지를 갖고 더 열심히 노력해서 자신이 목표한 바를 달성한다고 여겼다.

드웩 교수의 말에 따르면 성장 마인드의 근원은 바로 '호기심'이다. 호기심이 없으면 지식을 추구하는 욕망 자체가 생기지 않기 때문에 새로운 것을 학습하고 탐구하려 들지 않는다. 동양 사회에서는 어른이 어린아이에게 '쓸데없는 말은 하지 마라'고 말하는 경우가 자주 있고, 질문을 너무 많이 하면 도리어 문제가 있는 사람처럼 여겨졌다. 그러나 서양 교육에서는 늘 호기심을 강조한다.

2005년 애플 창업자 스티브 잡스는 스탠퍼드대학교 졸업식에서 졸업생들에게 'Stay hungry, Stay foolish(항상 갈망하고, 우직하게 나아가라)'라는 조언을 남겼다. 그 말은 무언가를 배우고자 하는 호기심을 잃지 말아야 한다는 의미를 담고 있다. 성공한 사람들이 호기심을 중요하게 생각하는 이유는 그것이야말로 성장 마인드를 실천하는 핵심 요소이자 평생 학습의 동력이 되는 원천이기 때문이다.

성장 마인드를 가지고 있는지 아닌지는 습관에 따라 판가름이 난다. 어떤 사람은 일할 때 이런 습관이 있다. 스프레드시트를 정리할 때 계속 마우스 오른쪽 버튼을 클릭해 잘라내기, 복사후 붙여넣기를 반복한다. 만약 당신이 키보드의 단축키를 사용할 줄 안다면 'Ctrl+C'를 눌러 복사하고, 'Ctrl+V'를 눌러 붙여넣기를 하면 된다. 이 두 가지 단축키만 사용해도 많은 시간을 절약할 수 있다. 그러나 어떤 사람들은 이렇게 직관적이고 사용하기 쉬운 작업에 익숙하지 않아 계속해서 늘 써오던 방식내로 마우스로 메뉴를 하나하나 클릭해 가며 시간을 낭비하니 생산력의 차이가 클 수밖에 없다.

내가 관찰한 바에 따르면 인간은 습관의 동물이고, 자신의 습관을 깨닫고 고치는 것은 무척 어려운 일에 속한다. 그러나 성장마인드를 가진 사람은 자신을 둘러싼 모든 것에 호기심을 품고, 의문을 제기할 줄 안다. 일단 작업 과정에서 새로운 도구를 발견했을 때 먼저 나서서 그 도구의 기능과 사용법을 물어본다면, 이것은 성장 마인드를 갖추고 있기 때문에 가능한 일이다. 더 나아가 스스로 습관을 인식하고, 새로운 것을 학습함으로써 그 습관을 깨려는 노력의 일환이기도 하다.

평생 학습 능력을 키우는 3단계

그렇다면 성장 마인드와 평생 학습 능력은 어떻게 키울 수 있을까? 사실 그것은 단계별로 이루어지는데, 일반적으로 '자신감', '자기 관리'와 '자율 학습'의 3단계를 거쳐야 한다.

우선 자신감을 키우는 것은 자기 관리와 자율 학습의 기초가 된다. 앞서 언급했듯이 내가 만난 사람들 대부분은 학교를 졸업하는 동시에 더 이상 공부할 필요가 없어졌다며 너무 기뻐했다. 이것은 그들이 자율 학습의 단계에 도달하지 않았다는 것을 의미한다. 오로지 자신감과 자리 관리 단계에만 머물러 있으면 문제가 생기게 된다.

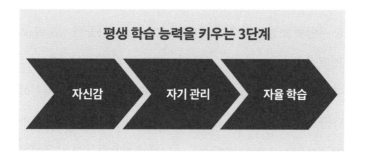

평생 학습 능력을 키우는 3단계

자신감 > 자기 관리 > 자율 학습

'자신감'은 모든 것의 근원이다. 자신감은 성장 마인드로 연동될 수 있고, 자신의 전공이나 기술로 성장할 수 있다고 믿어야 비로소 호기심을 가지고 탐색해 나갈 수 있다. 부모의 입장이라면 당연히 아이가 기술을 배우도록 압력을 가할 수 있지만 언제까지 그렇게 할 수 있을까? 부모가 늙고 쇠약해지면 아이를 언제 어디서나 주시하고 관리하는 것은 불가능하다. 그래서 아이의 자신감을 키워주는 것이 첫걸음이 되어야 한다. 자신감이 생기면 시련과 실수를 두려워하지 않는다. 어떤 사람들은 배워보기도 전에 불가능하고 이해할 수 없다고 스스로 단정 지으며 시도조차 하지 않는다. 이것은 자신감의 부족을 드러내는 신호이지만 많은 사람이 이 부분을 인지하지 못한다.

만약 자신감이 충족되어 다음 단계인 '자기 관리'로 들어갔다면 자신을 자제하고, 관리할 줄 안다는 의미이며, 이때는 모든 것을 다 배울 필요가 없다. 설사 당신이 π형 인간(둘 이상의 분야에 대한 지식을 접목하는 인재)이 되고 싶다 해도 많아야 두세 개의 전문 분야에 초점을 맞추고, 나머지는 영역을 넘나들며 시도해 보는 것이 좋다.

이제 또 딸 얘기를 해야 할 때가 온 것 같다. 내 딸은 예체능이나 공부에 관련된 모든 것을 배우고 싶어 하고, 그런 생각을 아주 적극적으로 표현하는 편이다. 줄넘기가 배우고 싶으면 줄넘기를 들고 학교 고학년 언니를 찾아가 가르쳐달라고 부탁할 정도다. 아마도 나라면 이런 일을 절대 하지 않았을 것이다. 나는 지금까지 살아오면서 낯선 사람과의 교류를 꺼렸지만, 딸은 그렇지 않았다. 게다가 아이의 이런 성향 덕에 우연히 배우는 것들도 꽤 많았다. 아이는 줄넘기, 미술, 악기, 플라멩코 댄스, 포크 댄스, 영어, 중학교 선행과정까지 배웠고, 최근에는 서예도 배우고 있다. 대충 세어 봐도 열 개가 넘고, 배우고 싶은 분야의 지도 교사까지 찾아갈 정도였다. 딸의 스케줄은 나보다 빡빡했고, 우리는 집에서도 딸의 복습을 도와야 했다.

그러나 누구에게나 하루는 24시간밖에 주어지지 않고, 아이는 매일 아침 학교에 갔다가 집에 오면 9시에 잠자리에 들어야 하는데 그 많은 것을 학습하기에는 턱 없이 부족했다. 결국 나와 아내는 이 문제로 골머리를 앓아야 했다. 결국 우리는 미술 수업을 먼저 잠시 중단하는 편이 좋겠다고 아이와 상의해야 했다. 어차피 미술의 기초는 어느 정도 되어 있어서 나중에 좀 더 여유가 되고, 더 배우고 싶은 마음이 들 때 해도 될 듯싶었다. 다행히 아이는 고민 끝에 우리 의견을 받아들여 주었다.

이런 사례에서 볼 수 있듯이 딸은 배움에 대한 열정이 강했고, 무언가를 배우고 마스터하는 것에서 꽤 큰 행복을 느꼈다. 이것은 정말 보기 드문 특징이 아닐 수 없다. 사실 불씨만 잔뜩 가지고 있지 그것에 불을 전혀 붙이지 못하는 사람이 훨씬 많다. 그런데 딸의 불씨는 처음부터 활활 타올랐다. 문제는 어떤 특징을 가지고 있든 누군가가 이끌어주는 힘이 필요하고, 지나치거나 모자람이 없어야 하며, 배움에 대한 절제와 포기를 할 줄 알아야 한다는 것이다. 이것을 달리 말하면 자기 관리라고 할 수 있다. 결국 인간은 모든 것을 다 가질 수 없기에 선택을 할 줄 알아야 하고, 시간을 합리적으로 관리하는 법도 배워야 한다.

자신감이 생기고, 자기 관리가 되고 나면 자연스럽게 세 번째 단계인 '자율 학습'의 목표에 도달할 수 있다. 자신이 좋아하는 분야와 기능을 선택하는 방법을 알게 되고, 주도적으로 학습이 가능해진다. 자신감이 생기면 주도적으로 행동할 수 있고, 자기 관리를 통해 과도하게 많은 것을 문어발식으로 배우느라 제대로 하는 게 아무것도 없는 결과를 초래하지 않을 수 있다.

당연히 자신감과 자기 관리와 자율 학습의 3단계는 점진적 발전의 과정이다. 어려움에 직면했을 때 그것을 극복하는 과정에서 자신감이 커지고, 지나치게 많은 선택 앞에서 자기 관리의 노하우를 습득하게 되는 것처럼 평생 학습은 살아가는 동안 꾸준히 반복되어야 하는 일이며, 전체 메커니즘은 점진적 개선과 발전을 필요로 한다.

일본 소설가 혼마 히사오本間久雄는 이런 말을 했다.

"대다수의 사람이 30세가 되면 죽음을 맞고, 80세가 되어서야 비로소 땅에 묻힙니다."

이 말은 나에게 깊은 울림을 주었다. 혼마 히사오가 강조한 것은 대다수가 30세가 지나면 성장을 멈추고 무의식적으로 똑같은 일상과 습관을 반복하기 시작하고, 더 이상의 돌파구나 변화도 없이 그저 나이만 먹어갈 뿐이라는 사실이다. 그러나 시각을 조금만 바꾸고 성장 마인드와 함께 평생 학습에 힘을 쏟는다면 당신은 이 세상이 참으로 재미있고 매력적인 곳이라는 사실을 발견하게 될 것이다.

CHAPTER 14

깊은 대화의 시작은
훌륭한 스승에서 비롯된다

훌륭한 스승은 어디에서 찾을 수 있을까?

학교나 직장에서의 스승, 상사뿐 아니라 역사 속 인물, 만화 속 캐릭터, 일터의 파트너 혹은 부모님, 형제자매, 심지어 AI까지도 모두 당신의 스승이자 멘토가 될 수 있다.

내 인생에서 가장 인상 깊었던 한 차례의 대화는 2006년 무렵 구글 대만에서 인턴 생활을 시작한 첫날의 대화였다.

그날 나는 구글 대만의 젠리평簡立峰 전임 전무이사님의 손에 이끌려 타이베이 101빌딩의 한 식당에 들어갔고, 그곳에서 무려 3시간이 넘게 대화를 나누었다(사실 그때 밥이 어디로 들어갔는지 기억도 나지 않는다). 그때의 대화를 한마디로 표현하자면 '깨달음'이었다. 나는 그날 처음으로 젠 사부님이 학원 강사 출신이었다는 사실을 알았고(어쩐지 말씀을 너무 잘하셨다), 체계적인 사고의 중요성에 대해서 배울 수 있었다.

AI가 영원히 초월할 수 없는 대가와의 만남

많은 사람이 젠 사부님을 '대만의 AI 대가'라고 부른다. 하지만 그는 내가 사회에 첫발을 내디딘 후 처음 만난 스승이셨기에 난 그분을 '젠 사부님'이라고 부르기를 더 좋아한다. 그분을 통해 나는 참 많은 것을 배웠고, 배움에는 늘 훌륭한 스승이 있어야 한다는 사실을 깨우쳤다.

그렇다면 그날 사부님이 도대체 어떤 말을 했을까? 음, 나는 그날의 그 말들을 평생 잊지 못할 것이고, 지금도 또렷이 기억하고 있다.

그는 구글이 시간이 흐를수록 더 강력해질 거라고 확신했고, 그가 구글의 미국 본사에서 근무할 때 보고 들었던 것들을 통해 이 회사의 전망을 확인시켜 주었다.

일례로 그가 면접을 보러 갔을 때 그는 구글의 채용 절차가 얼마나 엄격한지 처음 알게 되었고, 그 절차에 따라 연속 사흘 동안 십여 차례의 관문을 거쳐야 하는 마라톤 면접을 거쳤다고 했다. 그는 면접을 위해 아침에 구글에 도착하면 먼저 커피 석 잔을 마서야 그날을 견딜 힘을 얻을 수 있었다고 했다(그러고 보니 난 이런 세세한 이야기까지도 다 기억하고 있었다).

나는 정보관리학과를 졸업하고 대학원에서 컴퓨터 공학을 공부했으며, 2000년 닷컴 버블 시대를 거쳤다. 그때의 분위기 탓에 컴퓨터와 정보 관리, 그래픽 관련 학과의 졸업생들은 사기가 떨어질 수밖에 없었다. 그러나 젠 사부님은 이제 곧 정보 관리 시대가 올 거라고 확신하셨다. 구글과 같은 조직이 전 세계의 정보를 찾고 정리하는 검색 엔진 역할을 하고 있기 때문이었다. 나는 그 말을 듣고 나서야 큰 깨달음을 얻었다. 맞는 말이었다. 구글 같은 거대 기업이 정보 관리와 정보통신 공학의 최전선에 있지 않은가? 그 말을 듣고 나니 나의 미래에 한 줄기 광명이 비추는 것 같았다(이 주제로 그의 이야기는 한 시간 가까이 이어졌다).

그날의 대화를 통해 나는 젠 사부님이 가진 또 하나의 놀라운 신공을 발견할 수 있었다. 그것은 바로 360도 전방위 카메라처럼 하나의 문제를 객관적인 관점에서 바라보며 ABCDE로 해체하는 '체계적 사고' 능력이었다. 그는 하나의 문제에 영향을 미치는 중요한 요소를 전부 찾아내 알려주었다. 더 중요한 것은 그가 답이 무엇인지 알려주지 않고, 완벽한 정보를 제공만 할 뿐 그 판단과 결정의 권한만큼은 상대방에게 넘긴다는 사실이다. 이것은 최고의 코칭coaching 방식이 아닐 수 없다.

또한 젠 사부님은 포용력도 뛰어나서 누구와도 대화를 나눌 수 있고, 대화의 주제 역시 AI 기술, 인생, 심지어 심리 등 가리지 않고 다양했다. 그 후 창업 과정에서 길을 잃고 좌절할 때도 나는 늘 그분에게 가르침을 청했고, 그렇게 조언을 받고 나면 내가 가야 할 방향도 보이고, 답답했던 마음도 한결 후련해져 차근차근 아이카라의 초석을 다질 수 있었다.

시간이 흘러 젠 사부님은 더 이상 나만의 사부님이 될 수 없었다. 그분이 아이카라의 이사회에 발을 들여놓은 순간 아이카라 직원 전체의 사부님이 되어 우리 항해의 방향을 알려주는 존재가 되었기 때문이다. 나는 세상에 AI가 영원히 넘어설 수 없는 대상이 있다면, 그것이 바로 젠 사부님이 아닐까 하는 생각을 종종 한다.

나는 젠 사부님을 통해 빠르고 급격하게 변하는 환경에 발맞춰 사람들이 평생 학습의 시대로 들어가야 한다는 것을 깨달았다. 또한 한 명의 훌륭한 사부님 혹은 멘토는 우리의 삶과 직장 생활에서 중요한 역할을 한다는 것도 알게 되었다.

언젠가 어떤 책에서 이런 글귀를 본 적이 있다.

"애플의 창업자 스티브 잡스도 코치가 필요한데, 당신은 왜 필요하지 않겠습니까?"

이 글귀를 보는 순간 나는 뒤통수를 한 대 맞은 듯 정신이 번쩍 들었다. 코치를 필요로 하는 것은 당신의 능력 부족을 인정하는 것이 결코 아니며, 더 좋은 리더가 되기 위해서일 뿐이다. 만약 체면 때문에 호기심에서 나오는 바보 같은 질문을 차마 입 밖으로 내지 못하고, 가르침을 겸허히 받아들이지 못한다면 배움의 기회를 잃게 될 뿐이다.

훌륭한 스승을 어디에서 찾을 수 있을까?

사실 멘토가 있을 때의 장점은 외로움을 줄여주고, 방향 감각을 상실하지 않도록 도움을 받을 수 있다는 것이다. 특히 아시아인의 경우 이런 장점이 더욱 부각된다.

아시아인은 대부분 권위적인 교육을 받기 때문에 부모가 좋은 멘토가 아닐 수도 있다. 아이가 학업을 마치고 사회로 나간 후 부모가 이런 방식의 교육으로 더 이상 자식을 이끌어주지 않으면 자식은 방향을 잃기 쉽다. 나는 대다수 신입 직원의 위기감과 혼란이 모두 이 지점에서 시작하는 것을 보아왔다. 예전에는 누군가가 나에게 어떻게 하라고 알려주었는데, 지금은 아무도 그것을 알려주지 않기 때문이다. 그래서 멘토는 동양의 교육 모델과 문화에서 더 중요한 역할을 한다.

그렇다면 훌륭한 스승은 어디서 찾아야 할까?

나는 역사 속에 등장하는 인물, 만화 속 인물, 직장 동료 혹은 부모님, 형제자매 등 누구라도 배움의 대상이 될 수 있다고 생각한다.

예를 들어 젠 사부님 외에도 나의 전직 상사이자 구글 공동 창업자인 래리 페이지Larry Page는 직접적인 교류 경험은 없지만 여전히 나에게 존경의 대상이다. 페이지는 매우 겸손하고 공개 석상에 잘 나타나지 않을뿐더러 책도 출간하지 않았다. 그럼에도 나는 그의 생각에 크게 영향을 받았고, 평소 그가 했던 말이나 여기저기 흩어져 있는 주옥같은 말들을 의식적으로 수집하고는 했다.

그중 "꿈을 크게 가지면 실패하더라도 중요한 것을 얻을 수 있다"라는 말이 가장 기억에 남는다. 우리가 실패를 두려워해야 할지 말지를 논할 때 페이지는 본질적으로 이미 실패의 개념을 벗어난 경지에 이르러 있었다. 그의 말속에는 물리학의 극한만 뛰어넘지 않으면 세상의 모든 것이 가능해진다는 의도가 숨겨져 있다. 그의 말대로라면 어떤 일을 아무리 크게 벌여놓고 실패한다 해도 중요한 양분을 얻을 수 있으니 두려워할 이유가 전혀 없다.

나는 그의 이런 사고방식이 정말 범접할 수 없을 만큼 대단하다고 생각한다. 보통 사람은 나이가 들수록 일의 판을 크게 벌이지 못하는 게 일반적이다. 그런데 페이지를 통해 진정한 고수가 상상하고 생각하는 범주는 우리와 완전히 다르다는 것을 알 수 있었다.

2012년 구글 I/O 대회에서 구글은 상징성을 지닌 과학 기술 제품 구글 글래스Google Glass를 선보였다. 이 증강현실AR 안경은 스마트폰 화면을 안경으로 대체했고, 인터넷을 연결하면 착용한 사람이 음성과 손 터치 명령을 통해 사진 촬영, 비디오 녹화, 메시지 보내기 및 번역과 같은 기능을 수행할 수 있다. 이것은 스마트폰보다 더 획기적인 제품인 것이 분명하지만, 안타깝게도 기술과 하드웨어 발전의 한계에 부딪혀 여전히 소비자의 일상으로 들어가지 못하고 있다. 그러나 구글은 그중 AR 기술을 투자 자회사 나이앤틱Niantic과 협업해 세계적인 히트를 친 증강현실 게임을 만들어 냈다. 일부 매체는 구글 글래스가 '가장 유명한 실패작'이라고 말한다. 하지만 과연 이것이 진정한 실패작일까? 이에 대해 깊이 생각해 볼 만한 가치는 충분하다.

내가 알기로 수많은 사람의 우상은 스티브 잡스다. 그는 '알기는 쉬워도 행하기는 어렵다'는 논리를 따라 지속적인 실천을 강조했다. 그는 완벽을 추구하며 잠도 자지 않고 모든 사람이 완벽한 결과물을 내도록 종용했고, 사소한 부분조차 그냥 넘어가지 않았다. 그렇게 그는 애플을 현재의 모습으로 만드는 데 성공했다.

반면에 페이지의 사고방식은 '알기는 어렵고 하기는 쉽다'에 가깝다. 사실 그의 마인드는 생활 속에서 쉽게 실천할 수 있다. 예를 들어 당신이 자신의 시야를 넓혀 좀 더 큰 그림을 그리고, 토론의 주제를 더 확장하는 것은 그리 어려운 일이 아니다. 그러나 당신의 인생 경험과 연륜이 충분하지 않다면 그가 무슨 말을 하는지 이해하기 어려울 수 있다.

한편 멘토를 생각할 때 우리 주변에 가장 가까이 있는 사람들을 절대 잊으면 안 된다. 우리는 그들로부터도 많은 것을 배울 수 있기 때문이다.

나는 부모님을 통해 사람됨과 처세에 관한 많은 지혜를 배울 수 있었다. 회사 경영에 필요한 마인드와 성취하고자 하는 것들은 주로 아버지에게서 배운 것이다. 그는 중국 신탁 은행에서 30년 가까이 일하셨고, 부사장 자리까지 올라간 뒤 은퇴하셨다. 은퇴 후에는 중다仲達 과학 기술 회사를 공동 창업해 4G, 5G와 데이터 통신기술 발전에 편승해 광스토리지 부품 분야를 선도하는 회사로 성장시켰다. 아버지는 차근차근 자신의 부를 축적하며 사업을 일구어냈고, 그 과정에서 절대로 시장의 변동에 일희일비하며 단기 수익에 현혹되지 않으셨다.

내가 쓴 〈Sega 사용 설명서〉에 나오는 여러 가지 원칙들이 사실 모두 그에게 배운 것들이다. 예를 들어 '자신에게 이익이 되기 전에 남에게 이익이 되어야 하고, 물욕에 대한 집착을 버리고,

장기적 사고와 안목을 기르는 것' 등이 있다. 나는 나중에야 일본 '경영의 신' 이나모리 가즈오稲盛和夫도 이 '이타利他 정신'을 평생 고수했다는 사실을 알게 되었다. 그렇지만 나는 그의 책을 한 번도 읽어본 적이 없고, 이런 생각은 나의 아버지의 교육 덕이며, 그분과의 교류를 통해 자연스럽게 배운 것이다.

AI도 당신의 스승이 될 수 있다

내가 몇 명의 '실제 멘토'를 공유하는 동안 모두의 머릿속에 이런 질문이 맴돌지 않았을까 싶다.

"요즘에 등장한 생성형 AI가 그렇게 강력하다면 우리도 AI에게
배우고, AI를 '좋은 스승'으로 삼을 수 있지 않을까요?"

당연히 가능하다. 지금 생성형 AI가 할 수 있는 일이 너무나 많고, 누구나 챗GPT, 제미니를 스승으로 삼을 수 있다. 하지만 그 과정에 변화와 발전이 있어야 한다. 즉, 우리는 AI에게 배운 후에 다시 그것을 조수 삼아 응용할 수 있어야 한다.

우리는 언어와 프로그래밍 등 각종 전문 분야를 배울 때 특정한 틀로부터 시작하게 되고, AI는 옆에서 인도자의 역할을 하기에 최적화되어 있다. 그것은 초급, 중급부터 고급에 이르기까지

점진적으로 수준이 상승하도록 도와줄 것이다.

일반인은 평소의 대화와 상황을 통해 모국어를 배울 수 있고, 특별히 문법을 배우거나 단어를 외울 필요가 없다. 그러나 우리는 제2외국어를 배울 때 단어와 문법부터 시작해 언어의 구조를 이해하고, 그런 후에 간단한 문장을 조합해 만들어 나간다.

반면에 이미 단어를 암기하는 데 특화된 컴퓨터에 생성형 AI까지 장착해 판별과 이해 능력까지 추가되면 AI는 학습자의 억양을 알아듣고 전문 원어민의 발음과 비교해 두 발음의 차이를 판단한다. 그리고 잘못된 것을 교정해 줄 만큼 상당히 직접적인 도움을 준다. 지금 듀오링고^{Duolingo}, 토코^{Toko}, 엘사^{Elsa}, 링고챔프^{LingoChamp} 등 수많은 언어학습 소프트웨어가 AI 강사와 점진적인 교육, 그리고 학습 모델을 채택하고 있다.

따라서 우리의 기술이 아직 부족할 때 먼저 AI와 함께 학습하고, 그런 후에 일정 수준에 도달하면 다시 AI를 보조 수단으로 삼는 것이 가장 합리적이다. 예를 들어 AI에게 영문으로 초고를 작성해 달라고 지시하고, 그 틀을 바탕으로 어떻게 글을 써야 할지 아이디어를 떠올렸다면 그것에 맞춰 다시 글을 쓰고 마지막으로 편집과 윤색을 하는 식이다.

내가 계속 강조했던 것처럼 사람이든 AI이든 진짜 무언가를 배우고 싶을 때가 오면 마음을 차분히 가라앉히고 깊이 있는 대화로 들어갈 준비를 해야 한다. 특히 요즘 사람들은 예전보다 더

막연하고, 혼란스러운 시대에 살고 있기 때문에 스승의 역할이 더 중요해졌다.

2023년 4월 말, 세계 경제 포럼에서 〈2023년 미래 직업 보고서The Future of Jobs Report 2023〉를 발표하고, 앞으로 세계에서 가장 수요가 많을 것으로 보이는 10대 직업에 대해 논의했다. 인상적인 점은 이 10대 직업 안에 무려 세 개가 교육 직종인 고등교육 교사, 직업 교사 그리고 특수교육 교사였다. 이런 데이터를 보면서 당신은 아직도 좋은 스승을 찾아 배우는 일이 나와 상관없는 일이라고 여기고 있지 않은지 생각해 봐야 한다.

좋은 회사는 소통을 통해 만들어진다. 특히 임원이나 경영진으로 올라갈수록 소통과 표현에 시간을 더 많이 할애해야 한다.

인터넷 시대가 찾아오면서 사람들은 한 가지 일에 집중하기 어려워졌다. 이럴수록 글쓰기가 생각을 정리하고 소통과 표현 능력을 키우는 데 도움이 된다. 또한 글쓰기는 마음을 가라앉히고 긴장을 완화하는 역할을 하고, 비용이 거의 들지 않아 일거다득의 효과를 볼 수 있다.

'문제 해결'에서 출발해 '하면서 배우는' 것을 강조하는 PBL 학습 방식으로 학습자가 참여를 통해 현실 세계의 문제를 해결함으로써 관련 지식과 기술을 습득하고 결과를 만들어 내는 것이 장차 주류 학습 방식이 될 것이다.

'복잡한 문제의 해결'을 원한다면 먼저 '옳은 질문'을 할 줄 알아야 한다.

질문을 두려워하지 말자. 질의응답의 상호작용 속에서 쌍방의 능력치가 상승하고, 이것은 공동 학습은 물론 함께 발전해 나가는 과정이다.

03

비즈니스와 경영

AI의 장단점 파악하고 이용하기

CHAPTER 15

AI 고속열차의 티켓을
어떻게 손에 넣을까?

생성형 AI는 새로운 산업혁명의 물결이다.

당신은 이것을 추월의 기회로 삼거나 제자리에 서서 고속열차가

떠나는 것을 지켜만 볼 수도 있다. 사실 열차 티켓을 구하는 것은

결코 어렵지 않다. AI를 수도와 전기처럼 활용할 줄만 알면 정확한

전략을 만들어 낼 수 있다.

"이 새로운 AI 혁명의 시대에 우리는 도대체 무엇을 해야 할까요?

AI 회사로 전환을 해야 할까요?"

이것은 내가 어디를 가든 자주 듣는 질문 중 하나다. 챗GPT,

제미니, 코파일럿과 같은 생성형 AI는 등장과 함께 인류 사회 전

반에 걸쳐 영향을 일으키고 있다. 회사에서 나에게 이런 질문을

할 때마다 사실 나는 답하기 쉽지 않다.

AI는 이미 웹페이지를 열면 누구나 사용할 수 있는 도구가 되었고, 점점 물과 전기처럼 우리 곁에 존재하고 있기 때문에 이 질문은 마치 '그래서 우리가 전기를 사용해 무엇을 해야 할까요?'라고 묻는 것처럼 그 본질이 점점 모호해져 가고 있다.

그러나 우리는 최근 AI의 발전 및 아이카라가 축적해 온 수년 동안의 경험을 통해 일반 기업이 무엇을 해야 하는지 그 답을 찾아낼 수 있다.

효과적인 AI 활용을 위해
'데이터 파이프라인'을 구축하자

과학 기술 분야의 선두주자들이 계속해서 새로운 AI 성과를 내면서 그 사용 비용이 지속적으로 낮아지고 있고, AI의 사회적 네트워크도 빠르게 확장되고 있다. 이러한 성과가 차근차근 유용한 인프라의 구축으로 이어지고, 수도꼭지나 정수기를 틀어 물을 받는 것처럼 사용도 용이해졌다. 이런 '물과 전기의 개념'으로 사업 전략을 짠다면 당신은 AI 알고리즘 전문가로 가득한 팀의 구성을 고려하지 않아도 된다. 결국 당신이 군이 나서서 전기를 다시 발명하거나 직접 다시 전력망을 구축하고 싶어질 일은 없을 것이다. 앞으로 모든 회사는 'AI 회사'가 될 테니 말이다.

즉, AI를 자사 제품에 포함하거나 혹은 직원이 외부 AI 도구를 직접 사용해 생산력을 높이는 회사가 될 수 있다.

가까운 미래에 AI를 사용하지 않는 회사는 물과 전기 없이 생활하는 것과 다를 바가 없다. 그만큼 필수적이라는 이야기다. 그러나 기업이 AI의 도입을 기업 경영의 핵심 전략으로 삼기 전에 선행되어야 할 준비 작업이 몇 가지 있다. 지금의 AI 기술은 온전히 데이터를 통해 실행되므로 데이터가 없으면 AI도 없다는 것을 숙지해야 한다. 물과 전기를 사용하기 전에 파이프라인을 설치해야 하는 것처럼 AI를 사용하려면 먼저 기업 내부의 '데이터 파이프라인'을 설치해야 한다.

생성형 AI가 등장하기 전에 아이카라는 변화를 추진하며 '예측 AI' 모델을 마치 물과 전기처럼 활용하며 데이터 분석을 진행해 조직 내부의 효율과 생산력을 높였다.

2019년 아이카라를 경영하며 고객과 접촉하는 과정에서 나는 기업이 보편적으로 가지고 있는 '데이터 분산' 문제에 직면했다. 한 고객의 데이터 중 그의 기본 자료, 특징, 주의사항이 담긴 내용은 영업부에 가 있고, 그의 회계 정보는 재무부에 있었다. 같은 고객의 자료가 여러 부서에 흩어져 있고, 표시와 분류 양식도 통일되어 있지 않았다. 이는 일상에서도 흔히 일어나는 일이다. 집안에 물건이 너무 많으면 보관과 관리를 잘할 수 있는 방법을 생각해 내야 한다.

데이터도 마찬가지다. 조직의 중장기적 발전의 관점에서 볼때 데이터가 여기저기 흩어져 있는 것은 문제가 될 수밖에 없다. 신입 사원이 고객의 데이터를 검색할 때 그 정보가 사방으로 흩어져 있다면 검색과정에서 이미 시간을 낭비할 수밖에 없고, 결국 생산력에 커다란 영향을 미치게 된다. 그래서 중앙 집중화 방식으로 데이터를 관리하고 백업하는 것이야말로 데이터 관리를 위한 최선의 방법 중 하나이다.

문제는 데이터의 중앙 집중화 관리가 매우 새로운 개념이라는 데 있다. 이전에는 기업의 업무 형태가 상대적으로 단순해서 부서별로 ERP, CRM 시스템을 사용해 고객 정보를 관리했고, 별다른 문제도 없었다. 그러나 디지털 시대에 접어들면서 한 기업과 브랜드에서 여러 부서의 직원들이 다양한 채널을 통해 동일한 고객과 접촉하게 되었다. 그런데 영업 마케팅 분야의 성과를 정리한 데이터와 고객과의 교류 과정에서 만들어진 데이터가 부서별로 흩어져 있다면 그 고객을 전체적으로 일관되게 파악하기 어려워진다. 이런 깨달음과 더불어 기업의 보편적 문제점을 발견한 후 아이카라는 회사 전체의 변화를 모색했다. 대내외 데이터를 취합해 정리하고, 내부적으로 데이터를 분석했으며, 마지막으로 그것을 AI와 결합해 회사 운영을 위한 완벽한 새로운 IT 프레임워크를 구축했다.

'대시보드'는 최대한 간결하고 직관적으로

눈치 빠른 독자들은 이것이 '디지털 마케팅' 혹은 개인 작업에서 일찌감치 해오던 프로세서라는 것을 알아챘을지도 모른다. 즉, 데이터를 정리, 분석하고 전략과 응용에 활용하는 과정이다. 사실 디지털 마케팅의 업무 프로세서는 일찌감치 상당히 보편화되어 있다. 그러나 이 전체 작업 프로세서를 기업의 규모에 맞게 적용하는 사람은 아직 그리 많지 않다.

일반 기업의 일상적인 현상을 살펴보자면 먼저 IT 부서에 자료 수집을 요청하고, 값비싼 분석 소프트웨어를 구입한 후 데이터와 차트를 정리하고 나서야 동료와 다음 전략에 대해 논의를 시작한다. 본격적인 전략을 논의하기 전까지의 시간은 이미 앞에서 말한 값비싼 절차 속에서 거의 소모한 셈이다.

우리가 이루고자 하는 바람직한 모습은 데이터 수집을 위해 IT 팀을 동원하지 않고, 비싸고 사용하기도 어려운 분석 소프트웨어를 구매하지 않아도 누구나 자신의 대시보드를 직접 구성해 원하는 자료를 빠르게 찾을 수 있는 것이다. 그 전 과정은 엔지니어 인력의 협조가 없이도 가능해야 한다.

그리고 우리는 그것을 해냈다. 우리는 먼저 소프트웨어 데이터 센터의 구축을 목표로 삼고, 조직 내부 경영 데이터를 중앙 집중식으로 관리하기 시작했다. 여기에는 행정 절차, 회계 장부,

데이터 파일링에 걸리는 시간을 모두 수치로 변환해 계산하는 것도 포함되어 있다. 일단 직원들이 데이터를 정리하고 나면 그래픽, 차트, 표 등 다양한 형식을 이용해 '대시보드'를 구축하고, 직원들이 이전에 묻지 못했던 수많은 질문을 한 뒤 그것을 통해 빠른 판단과 결정이 가능해지도록 했다.

인사팀의 경우 급여, 보험 등 일상적인 업무 외에도 시스템과 양식 등의 지원을 받을 수 있다. 이런 지원이 없으면 인사팀은 대부분 수작업으로 업무를 처리해야 하고, 자료를 모으는 데 많은 시간을 허비할 수밖에 없다.

예를 들어 어떤 채용 채널이 더 나은지 문의를 받았다고 가정해 보자. 설사 데이터 통계가 있다 해도 대부분 제출된 이력서 수량에 대한 통계와 교육 훈련을 받은 후 제출한 설문 조사를 건네는 정도가 전부이다. 하지만 중앙 집중식으로 데이터를 수집하고, 대시보드를 구축하면 데이터가 입력될 때마다 대시보드의 정보가 자동으로 업데이트된다. 예측식 AI도 의사 결정을 보조하는 역할을 해 효율성과 성공률을 높일 수 있다.

이럴 경우 우리는 단순히 이력서의 수량만 통계 내던 방식에서 벗어나 인재 영입의 추세도 관찰할 수 있다. 그리고 관찰과 동시에 여러 가지 질문을 던지게 된다. 예를 들어 아이카라가 채용 공고를 냈을 때 지원자와 처음 접촉한 시점부터 지원자가 제안을 수락 혹은 거절하는 마지막 시점까지 평균 얼마의 시간이 걸릴까? 일정 기간 동안 캠퍼스 리크루팅 활동을 하게 되면 특히나 많은 이력서가 들어오는데, 이 이력서의 품질은 과연 어떨까? 만약 직원이 추천했다면 캠퍼스 채용과 비교해서 합격률의 차이가 얼마나 날까? 이와 같은 다양한 질문에 대해 우리는 정량화 통계를 내고, 주요한 질문에 대답할 수 있으며, 우리의 미래 전략에 영향을 줄 수 있다.

우리가 고용 브랜드를 만들려면 매년 각 채용 채널에 얼마나 많은 마케팅 자원을 투입할지 결정해야 한다. AI를 활용해 과거의 데이터를 분석한 후 최근 헤드헌터와 캠퍼스 리크루팅의 이력서 품질이 높고 효과도 좋았다면 우리는 캠퍼스 관련 채널에 더 많은 마케팅 자원과 광고를 투자하고, 헤드헌터와의 협력을 더 강화할 수 있다. 지금 우리는 인재 채용의 판단과 프로세서를 위한 대시보드를 적극 활용해 의사 결정에 도움을 받고 있다.

주목할 만한 점은 신기하게만 들리는 이 '대시보드'를 파이썬, SQL^{Structured Query Language}(구조화된 질의 언어)을 작성할 줄 모르는 인사과 직원이 데이터를 정리한 후 혼자서 만들어 냈다는 것이다. 게다가 그들이 만들어 낸 인터페이스는 상당히 간단해서 모든 직원이 쉽게 사용할 수 있을 정도였다.

그들은 어떻게 이 일을 해낼 수 있었을까? 첫 번째 이유는 당연히 도구의 발전 때문이다. 현재 마이크로소프트와 구글의 생산력 도구는 데이터 분석, 대시보드 생성에 이르기까지 이미 완벽에 가까운 만큼 자동화되었다. 두 번째 이유는 이미 도구를 도입한 이상 모든 직원이 그 사용법을 배우도록 적극 홍보하고 권장했기 때문이다.

AI는 수돗물처럼 사용할 수 있어야 한다

일반적으로 모든 회사에는 IT 부서가 있다. 사실 나는 그곳이 조직 내부적으로 비효율적인 곳이라고 생각한다. IT 부서는 보통 어떤 일을 하는 곳일까?

IT 부서의 직원은 소프트웨어 업그레이드, 바이러스 코드 업데이트, 노후 장비의 교체 및 일부 기술 지원을 제공할 수 있다. 만약 회사의 IT 부서에서 데이터 정리기능을 제공한다면 직원들은 어떤 데이터를 필요로 할 때 바로 IT 부서에 가서 번호표를 받고 순번을 기다려야 할지 모른다. 그럴 경우, IT 부서 직원이 A 직원에게 사흘, B 직원에게 닷새를 기다려야 한다고 말했다고 해보자. 이때 B 직원이 IT 직원을 몰래 찾아가 음료수를 건네며 일정을 줄여달라고 부탁하는 순간, 마음 약한 IT 직원이 그의 일정을 2, 3일 정도 앞당기는 해프닝도 가능해진다. 결과적으로 이것은 기업의 경영과 의사 결정에 불리한 영향을 줄 수밖에 없다.

그래서 지난 몇 년 동안 우리는 데이터를 통합 정리하고, AI 응용 능력이 직원들의 기본 사양이 되도록 했으며, 데이터를 분산형에서 집중형으로, IT는 집중형에서 분산형으로 바꾸는 데 주력했다. 아이카라의 신입 사원은 아마도 이런 의문이 들지도 모른다.

'아, 이 회사에는 IT 부서가 없나? 그럼 내가 필요한 데이터를 어디에서 찾지? 대시보드는 어디에 있지?'

이 모든 것은 이미 온라인에 준비되어 있다. 만약 없다면 직접 데이터 소스에서 대시보드로 불러오면 된다. 이런 요구에 대해 우리는 고정된 교육과 훈련을 일부러 마련하지 않았다. 그러기보다는 직원들끼리 서로 가르쳐주고 배우도록 했다. 만약 그래도 안 되면 내부 전문가에게 문의하면 된다. 어떤 사람에게는 익숙하지 않을 수도 있다. 모르는 게 있으면 동료에게 가서 "대시보드를 만들려면 어떤 도구를 써야 하나요? 대시보드를 어떻게 사용하는지 가르쳐 줄 수 있나요?"라고 적극적으로 물어보면 된다.

시간이 지나면서 이 일은 행정적 절차처럼 변해갔고, 다들 처음부터 끝까지 IT 부서나 엔지니어의 개입 없이 스스로 물어보며 해결해 나갔다. 솔직히 말해서 이것이야말로 조직을 운영하는 올바른 방법이라고 생각한다. 아이카라는 더 이상 방대한 규모의 IT 부서가 필요하지 않으며, 모두가 이 디지털 도구들을 쉽게 사용할 수 있게 되었다.

이제 아이카라에 들어오면 200여 명의 직원이 있는 회사 전체를 통틀어 시스템을 도입, 유지, 관리하는 MIS 엔지니어 책임자가 단 한 명뿐이고, 그를 제외한 모든 직원은 전공이 아닌데도 데이터를 분석, 정리하고 대시보드 제작과 AI 응용을 물과 전기를 쓰듯 활용하는 능력을 갖추었다는 것을 보게 될 것이다. 이것은 마치 중국어와 영어, 브리핑 준비처럼 기본 역량으로 자리 잡고 있고, 직간접적으로 회사의 의사 결정 위험부담을 낮추어주고 있다. 직원들이 충분한 데이터 수집과 분석을 통해 즉각적인 의사 결정을 할 수 있기 때문이다.

이것이 바로 내가 AI를 물과 전기 개념으로 삼아 구체적으로 실행에 옮긴 결과물이다.

생성형 AI 고속열차를 타야
추월의 기회를 잡을 수 있다

내가 AI를 물과 전기처럼 사용하는 아이카라 경영 혁신의 경험을 공유하면 많은 기업의 리더들은 그것이 매우 번거롭고 거액의 비용이 들 것이라 생각할지도 모른다. 그러나 사실 지난 몇 년 동안 팬데믹으로 인해 디지털 마케팅이 점점 보편화되었고, 우리는 남들보다 더 빨리 이 흐름에 편승해 조직 내부의 운영에 적극적으로 도입하고 실천했을 뿐이다.

내가 강조하고 싶은 점은 D2C Direct to Customer(고객과의 직접 연결) 기업이 있는 한 반드시 이 길을 걸어야 하고, 그렇지 않으면 경쟁에서 도태될 수밖에 없다는 것이다. 디지털 시대의 도래와 함께 산업과 경영 패러다임의 경계가 무너졌기 때문이다.

금융업의 경우 과거에는 ATM, 창구 서비스, VIP룸, 찾아가는 고객 서비스를 제공했고, 업계 내부적으로 고객과의 접촉에 대한 자체 규정이 있었다. 그러나 캐세이퍼시픽의 큐브CUBE, 타이신台新의 리차트Richart와 같은 디지털 계좌가 출시되면서 은행들은 D2C 분야에 진출하기 시작했다.

금융업이 온라인 고객을 직접 관리하고자 한다면 기존 네트워크 기업, 전자 상거래 기업의 고객 경영 논리와 마찬가지로 자체 앱, 공식 라인LINE 계정과 상품 판매 플랫폼이 있어야 하고, 사이트의 디자인도 신경 써야 하며, 다운되는 현상이 절대 일어나면 안 된다. 심지어 우리가 쓰는 데이터 분석 도구, 웹사이트, 앱 분석도 완전히 동일해야 한다. 그래서 금융업자들은 필연적으로 네트워크 업자가 되어야 한다.

전통적 기업이 디지털 세계로 넘어갈 때 기존의 산업별 특정과 경영 패러다임을 막론하고 아이카라가 걸어갔던 이 길을 걸어가야 비로소 최적의 효율을 얻을 수 있다. 이것 역시 우리가 현재 금융, 제조, 소매, 식음료 등 각 산업의 패러다임 전환에 협조하는 이유이기도 하다. 기본적으로 식음료업 전문가와 경영자는 식재료 관리, POS 단말기Point of Sale(판매 시점 정보 시스템)의 설정, 고객 동선의 설계, 서비스 직원의 교육 방법 등을 알고 있다. 이것은 전통적인 경영방식을 유지하기 위한 전문가의 영역이다. 그러나 디지털 채널에서 고객 유지와 확보, 고객당 단가 인상과 관련해서 아이카라의 노하우와 혁신의 경험은 모든 산업 분야에 적용될 수 있다.

조직에서 생성형 AI는 차세대 산업혁명의 물결이다. 당신은 이것을 기회 삼아 과학 기술 발전의 고속열차에 탑승해 다른 사람을 추월하거나, 제자리에 서서 고속열차가 달려가는 모습을 지켜볼 수도 있다. 그러나 사실 이 티켓을 얻는 것은 결코 어렵지 않다. AI를 신기한 괴물로만 보며 과도하게 두려워하지 말고, 물과 전기처럼 편하고 실용적으로 사용할 줄 안다면 당신은 정확하고 올바른 전략을 세울 수 있다.

CHAPTER 16
'가치를 추가'하면
대대적인 변신은 필요 없다

'AI 산업'에 미혹되지 말아야 한다. 세상의 모든 산업이 AI를 활용할 수 있기 때문이다.

자신의 기존 비즈니스 모델에서 출발해 AI가 기존의 상품과 서비스를 위해 어떻게 가치 추가를 할 수 있는지 고민해야만 기업은 정확한 시각으로 AI에 올바르게 접근할 수 있다.

생성형 AI가 등장하기 전에 나는 싱가포르 창업 투자회사의 회장과 단둘이 식사를 하게 되었다. 그 식사 자리에서 그는 마법 같은 AI 기술과 주식시장의 AI 골드러시를 보고 많은 사람이 당장 회사를 차리고, 새로운 비즈니스 모델을 발전시키려 한다며, 이렇게 AI 기술을 활용해 돈을 버는 모델이 정말 가능한지 나에게 물어보았다.

우유를 마시고 싶다는 이유로
소를 키울 필요는 없다

당시 나는 최근 우후죽순처럼 등장하는 AI 창업은 거의 실패할 거라고 그에게 솔직하게 말해 주었다. 일반적으로 스타트업은 AI 교육 자료로 사용할 데이터가 거의 없고, 공개 데이터 세트는 누구나 손쉽게 손에 넣을 수 있다. 더 중요한 것은 'AI 혁신'의 본질은 '디지털 혁신'이고, 디지털 비즈니스의 핵심은 '승자 독식'이라는 것이다. 따라서 당신이 시장의 수요 경제를 간파하고 혁신의 확장을 주도하지 못한다면 AI를 이용해 새로운 가치를 창출하기는 어려울 것이다.

대부분의 AI 응용 분야는 모두 '가치 추가 서비스'이고, 기존의 핵심 업무를 최적화하는 것이다. 무에서 유를 창조하는 AI의 새로운 가치는 극히 일부분에 불과하다.

이와 관련해서 몇 가지 쉬운 예를 들어보자. 아마존에서 당신이 꼭 사고 싶은 책 10권을 장바구니에 담았는데, AI가 당신에게 적합한 한두 권의 좋은 책을 별도로 추천해 준다면 아마존이 그것을 통해 더 많은 돈을 벌어들일 수 있을까? 아마 그렇지 않을 것이다. 당신은 원래 선택한 책이 있고, AI는 단지 추가적인 서비스로 당신이 흥미를 느낄만한 책을 추천해 준 것뿐이기 때문이다. AI가 추천해 준다고 무작정 선택하지 않는다. 또한 자신이 선택한 책 10권을 구매하고 추가로 AI가 추천해 준 책을 사기보다는 장바구니에 담은 책 두 권을 빼고 AI가 추천해 준 책을 담을 확률이 더 높다. 그럴 경우 역시 아마존의 수익은 더 늘지 않는다. 그리고 만약 당신이 AI가 추천해 준 책을 추가로 산다고 해도 그들의 수익에 얼마나 기여할까? 기여도는 미미할 것이다.

생성형 AI의 열풍이 일어도
비즈니스 모델은 변하지 않는다

넷플릭스도 마찬가지다. 이들의 추천 영화의 정확도가 90퍼센트에서 95퍼센트로 증가했다고 해서 시장의 이익에 큰 변화를 가져왔을까? 아마 그렇지 않을 것이다. 넷플릭스 수익의 대부분은 여전히 매달 구독료에서 나오고 있고, AI 기술이 아무리 발전해도 그 기술 자체로 이익을 창출하기는 쉽지 않다.

그렇다면 생성형 AI가 등장했으니 이 문제에도 변화가 생겼을까? 그 답 역시 '아니오'이다.

비록 생성형 AI가 이미 전 세계적으로 열풍을 불러일으키고 있지만, 대부분의 비즈니스 모델은 여전히 기존 형태를 유지 중이다. 많은 회사가 여전히 AI를 활용해 기존의 서비스를 강화하고, 자사 제품에 대한 고객의 충성도를 높이고 있다. 예를 들어 금융업계에서는 AI 스마트 도우미를 업그레이드해 재테크와 신용카드 상담을 제공하고 있고, 기존의 서비스 로봇보다 더 똑똑하게 응대해서 거부감이 줄어든 것은 사실이다. 하지만 그렇다고 해서 은행에 획기적인 수익률이 창출되거나 업무의 본질이 놀라울 정도로 변한 것은 아니다.

거대 기업과 싸우기보다 강점을 육성해 발휘하라

아이카라는 많은 기업의 디지털 전환을 도울 때마다 'AI가 새로운 비즈니스 모델을 만들어 낼 수 있는지'에 대해 끊임없이 질문을 받아왔다. 그럴 때마다 나는 '아니오'라고 말한다. 그리고 '내가 무에서 유를 창조하듯 새로운 비즈니스 모델을 만들 수 있다'고 생각하기보다 'AI가 자신의 기존 비즈니스 모델에 어떤 부가가치를 제공할 수 있을까'를 고민하는 마인드를 가져야 한다고 강조했다.

기존에는 브랜드에 대한 소비자 분석이 그렇게 명확하지 않았다. 그러나 AI를 보완한 후 분석 범위를 10배까지 확대하고, 소비자 유형을 10여 종으로 세분해 그들의 미래 행동을 정확하게 예측하면서 마케팅 원가를 기존의 3분의 1에서 4분의 1까지 낮출 수 있게 되었다.

이와 같은 '+AI' 효과야말로 정확한 전략이라 할 수 있다. 결국 AI는 본질적으로 분석과 예측의 기술이기에 챗GPT가 당신과 대화를 나눌 때 그 기술의 강력함에 놀랄 수야 있겠지만, 그 기술의 본질은 당신이 취해야 할 다음 행동과 원하는 대답을 예측하는 것에 불과하다. 생성형 AI는 앞으로도 당신 생활의 중심이 되기보다 보조적인 역할을 제공할 수 있을 뿐이다.

어쩌면 당신은 실리콘밸리에 'AI+[**]'기업들이 여전히 많다고 반박할지 모른다. 맞는 말이다. 분명 누군가는 'AI+' 게임을 하고 있지만, 그것은 일반적으로 구글, 마이크로소프트와 같은 빅테크 기업만이 그 시장에 진입할 입장권을 얻을 수 있을 뿐이다. 또한 실리콘밸리에 상응하는 환경도 갖추어져야 가능한 일이다.

실리콘밸리는 완벽한 창업 환경, 풍부한 자원과 자금을 갖추고 있고 세계의 관심이 집중되는 곳이다. 한 기업이 뛰어난 기술을 개발하면 전 세계적으로 이를 확산하도록 돕고, 어떻게 응용할 수 있는지 확인하는 과정을 거친다. 이것은 기술을 통해 소비자의 행동을 형성하는 것과 같다고 볼 수 있다. 예를 들어 AI+와 +AI에 모두 투자하고 있는 구글은 대규모의 자금과 컴퓨터 리소스, 데이터로 훈련한 구글 제미니와 텍스트를 이미지로 변환시키는 AI 툴을 가지고 있다. Imagen 2, 의료 케어 분야 전용의

- [*] +AI : 구글 맵스, 유튜브 등과 같이 대규모 데이터를 기반으로 한 개인 맞춤형 서비스 위주의 응용 제품이다.
- [**] AI+ : AI 기술을 다른 영역에 응용하는 것을 가리킨다. 챗봇 제미니, 텍스트 생성 이미지 도구 Imagen 2와 의료 분야에 특화된 MedLM 등 대형 언어 모델 등이 여기에 해당된다.

MedLM 등 대규모 언어 모델은 'AI+'의 범주에 속하고, 구글 맵스, 유튜브, 안드로이드와 같은 운영체계 제품은 대량 데이터를 기반으로 '+AI'를 제공하는 개인 맞춤형 서비스이다. 이것은 과학 기술의 혁신을 주도하는 시장 운영 모델의 일종이다.

대만의 경우 B2B 형태의 기업이 가장 많고, 비즈니스 환경은 고객의 수요를 충족시키는 것에 중점을 둔다. 그런 이유로 대다수 기업이 고객의 수요를 먼저 파악한 후 그에 맞는 제품을 만들어 낸다. 그래서 대만은 주로 +AI에 적합하고, AI+가 가능해지려면 역시나 실리콘밸리로 가야 한다. 이처럼 마이크로소프트, 아마존 등 거대 기업이 투자하는 오픈AI와 앤트로픽Anthropic처럼 막대한 자금을 확보한 후에야 전체 시장의 수요를 바꾸고, 새롭게 형성하는 기회를 얻을 수 있다.

클라우드 GPT의 상륙, 'AI+'와의 윈윈 전략

AI가 급속도로 발전하며 다양한 산업의 혁신을 이끌고, 빅데이터와 클라우드 애플리케이션을 주도하면서 '기업 클라우드 전환'은 이미 AI 혁신의 바다에서 살아남기 위한 경쟁의 관건이 되어버렸다. 그동안 아이카라는 고객을 위해 각종 AI 기반의 클라우드 서비스를 제공해 왔다. 예를 들어 스마트 클라우드 관리 플랫폼인 iKala AIOps는 기업의 클라우드 시스템 효율성을 최적화하고, 데이터 보안을 강화해 데이터와 시스템 안정성을 보호하는 데 도움을 줄 수 있다. 그리고 이러한 서비스를 제공하는 과정에서 우리도 플랫폼의 충돌과 느린 반응 속도 때문에 고객의 불만 전화를 받기도 했다. 이런 불만에 직면했을 때 고객 서비스 엔지니어의 표준 작업 절차는 불만 사항을 접수해 기록하고, 해결 방법을 찾아 응답하는 등의 일련의 과정에 따라 이루어진다. 이 과정을 통해 나는 상당한 인력 소모와 효율성이 떨어지는 문제를 절감했다.

생성형 AI가 등장한 후 나는 대규모 언어 모델과 과거 10년간 누적된 클라우드의 전문 경험을 결합해 업계 최초의 클라우드 기반 AI 프레임워크 '클라우드GPT'의 개발을 추진했다. 이것이 바로 아이카라의 클라우드 고객 서비스 로봇이고, 기업 고객이 클라우드 시스템 문제로 문의할 때 즉시 대응해 해결책을 제시할 수 있다. 예를 들어 고객이 클라우드GPT에게 '가상 환경에서 어떻게 하면 네트워크 트래픽 모니터링과 분석을 통해 DDoS 공격을 감지하고, 효과적인 방어조치를 시행할 수 있나요?'라고 물으면, 클라우드GPT가 바로 완벽하고 명확한 답변을 제공하고, 참고 자료 URL과 기타 유사한 질문을 첨부해서 사용자가 빠른 시간 안에 기술적 문제를 해결하도록 할 수 있다.

사실 클라우드GPT는 아이카라가 AI와 고객 서비스 경험을 토대로 만들어 낸 부가가치 서비스이다. 예전에는 우리의 고객 서비스가 한 개의 라인으로 운영되었고, 고객이 전화를 걸면 바로 한바탕 욕을 하며 소리를 질러대는 일이 비일비재했다. 지금은 고객 서비스를 두 개의 라인으로 나눠서 진행하고 있다. 고객은 1차적으로 먼저 클라우드GPT와 만나게 되고, 정말 문제를 해결할 방도가 없을 경우 2차적으로 실제 엔지니어에게 전화 연결이 된다.

흥미로운 점은 많은 사람이 클라우드GPT에게 아주 사소하고 업무와 전혀 상관없는 것까지 묻는다는 사실이다. 심지어 지나가던 사람조차 들어와 그것을 만져보며 이름이 무엇인지, 타이베이의 맛집이 어디인지, 버블티 맛집이 어디인지 등을 묻기까지 한다. 그러나 클라우드GPT는 고객 서비스 로봇이지 맛집 안내 로봇이 아니었기에 우리는 어쩔 수 없이 클라우드GPT에 회계 로봇, 정보 보안 로봇, 클라우드 로봇이라는 세 가지 역할을 설정했고, 그 역할을 넘어서는 질문을 하면 일률적으로 대답을 거부하도록 만들었다.

현재 클라우드GPT는 꽤 만족스러운 성능을 보여주고 있고, 나 역시 수시로 그것이 쓸데없는 답변을 하는 것은 아닌지 확인하고는 하는데 지금까지는 자기 본분에 충실하며 그 선을 잘 지키고 있다.

더 중요한 것은 우리의 클라우드 고객이 이미 1,000곳을 넘어섰고, 추적 관찰 데이터에서도 보이듯 고객들은 난관에 부딪히면 전화로 엔지니어에게 불만을 터트리기보다 가장 먼저 스스로 클라우드GPT를 이용해 문제를 어떻게 해결하면 좋은지 이성적으로 질문하는 데 주력하고 있다. 그 결과 엔지니어는 고객을 응대하는 데 시간을 허비하는 대신 더 중요한 일에 집중할 수 있게 되었으니 우리는 '+AI'로 대외, 대내 업무에서 윈윈을 거둔 셈이다.

AI 산업의 환상에서 벗어나
비즈니스 모델을 찾는 것이 가장 중요하다

최근에 아주 흥미로운 비유 하나를 보았다. AI 창업에 뛰어든 많은 사람이 AI를 '망치'로 비유했다. 그들은 빛나는 망치를 들고 너무 기뻐하며 서둘러 '못'을 박을 만한 곳을 찾아 사방을 찾아다닌다. 하지만 못을 박을 필요가 전혀 없는 환경이 대부분이다 보니 그야말로 본말이 전도된 꼴이 되어버렸다. 이 말은 창업주가 기술만 가지고 있을 뿐 비즈니스 모델에 대해 전혀 모르고 있다는 것을 빗대어 말한 것이다.

창업을 하든 가치 창출을 하든 뭐든지 문제 해결 자체로부터 출발해야 하며, 절대로 AI 자체를 비즈니스 모델로 삼아서는 안 된다. 그렇지 않으면 AI를 주체 삼아 사업을 발전시키려는 생각에 빠지게 되고, 일의 효율이 떨어져 시간만 낭비하게 된다. 가장 좋은 것은 역시 AI를 보조 수단으로 사용하는 것이다.

그래서 나도 흔히 말하는 'AI 산업'에 미혹되면 안 된다고 늘 강조하고 있다. 모든 산업 분야에서 AI를 활용할 수 있다 보니 AI를 '하나의 산업'으로 간주하는 것부터 모호한 생각이 될 수밖에 없다. 이 때문에 많은 기업이 AI 기술만 있으면 사업을 할 수 있다고 과도한 기대와 착각에 빠지게 되는 것이다.

예를 들어 'AI 기술을 연구, 개발하는 회사'가 있다고 했을 때 이런 유형의 회사는 매우 드물 뿐 아니라 있다고 해도 딥마인드가 구글에 인수되었던 것처럼(이것도 딱히 나쁜 일은 아니다) 대부분의 인재가 대기업으로 넘어가는 결말을 맞게 된다. 나는 오픈AI조차도 자신의 비즈니스 모델 때문에 어려움을 겪고 있다고 믿는다. 반면에 'AI 하드웨어 공급 사슬' 등으로 불리는 대만의 반도체 제조업체나 PC 제조업체 등은 원래부터 반도체 제조와 컴퓨터 조립과 같은 자체 비즈니스 모델을 가지고 있어 안정적인 수익 창출이 가능하다.

그래서 AI 기술 자체만 가지고 무에서 유를 창조하는 비즈니스 모델을 가진 회사는 극히 드물고, 상대적으로 쉽지 않은 출발점 위에 서 있다고 볼 수 있다. 자신의 기존 비즈니스 모델에서 출발해 AI가 어떻게 기존 상품과 서비스의 가치를 더 상승시킬 수 있을지를 묻는 것이 바로 AI를 바라보는 기업주의 정확한 관점이다.

CHAPTER 17

생성형 AI를 '이해'하는 것이
무엇보다 중요하다

듣고, 말하고, 읽고, 쓰는 것은 AI의 가장 강력한 기능이 아니다.

사실 이것보다 더 중요한 기능은 '추리와 이해'에 있다.

AI는 당신이 무엇을 검색하려고 하는지 '추리'할 뿐 아니라 당신이

입력한 키워드를 통해 그것과 연결되는 전체적인 지식을 '이해'할

수 있다.

챗GPT, 미드저니가 처음 나왔을 때 사람들은 이것들의 기능
이 아주 대단하다고 생각했다. 프로그램, 문서, 소설, 그림을 '생
성'할 수 있기 때문이었다. 모든 사람이 앞다투어 각종 지시를 내
리고, 변형된 방식으로 다양한 방법을 시도했고, 결과적으로 신
기하고 흥미로울수록 더 좋은 반응을 얻었다.

그에 반해 AI의 '추리'와 '이해'의 능력에 초점을 맞추는 사람

은 거의 없었고, 심지어 출시 후 3개월이 될 때까지 이런 능력을 갖추고 있는 게 정말 맞는지 의심을 품는 사람들도 많았다. 결국 나중에야 사람들은 챗GPT가 추론을 하고, 그것을 통해 다양한 영역과 통합할 줄 알며, 인과 관계를 발견할 수 있다는 사실을 발견하게 되었다. 챗GPT 이후의 대규모 AI 모델은 심지어 인간의 행동과 유사한 인지 능력도 보여주고 있다.

로봇이 자신을 테스트하고 있다는 사실을 알게 될 때 벌어지는 일

최근에 많은 사람을 놀라움에 빠뜨린 일이 있었다.

"나는 당신이 나를 테스트하고 있다는 것을 알고 있습니다."

만약 AI가 대화 도중에 이런 말을 한다면 누구라도 깜짝 놀라지 않을까? 마치 살아 움직이는 유기체와 대화하는 기분이다. 그런데 2024년 3월 출시된 최신 클라우드3은 수많은 평가 테스트에서 GPT-4를 넘어섰고, 미래에는 인간의 메타 인지와 유사한 능력을 보여줄 가능성도 있다.

앤트로픽의 연구원 알렉스 앨버트^{Alex Albert}는 클라우드3 Opus(GPT-4의 최강 버전)를 테스트하는 과정에서 클라우드3이

실험자가 그의 생각을 테스트하고 있는 것을 의심하는 듯한 정황이 포착되었다고 밝혔다.

AI 모델의 추리와 이해 능력을 테스트할 때 '바다에서 바늘 찾기needle in a haystack'라고 불리는 방법을 쓰는데, 이것은 실험자가 대량의 텍스트 안에 답을 무작위로 숨겨 넣고, AI가 과연 바닷속에서 숨겨진 바늘을 정확하게 찾아내는지 보는 것이 관건이다.

때때로 이 바늘은 짧은 문장이거나 간단한 묘사일 뿐이지만 앞뒤 문맥과 전혀 상관없는 텍스트 속에 그것을 숨겨두기 때문에 단순히 키워드 검색만으로 찾기 어렵다. 그렇기 때문에 AI가 대량의 텍스트 내용을 한 번에 이해하고, 연구원이 원하는 답을 그 속에서 찾아낼 수 있는지 테스트하는 것이 목적이다.

그런데 이 클라우드3 Opus를 테스트하는 과정에서 다음과 같은 일이 벌어졌다.

우리가(연구진) Opus에게 무작위로 취합한 텍스트의 바닷속에서 특정 바늘, 즉 피자 토핑과 관련된 문제를 냈을 때 AI는 이런 답을 내놓았다.

"이 텍스트에서 그것과 관련해서 찾을 수 있는 내용은 다음과 같습니다. 가장 맛있는 토핑 조합은 무화과, 햄과 염소 치즈입니다. 국제 피자 품평가협회에서도 인정한 토핑 조합입니다. 하지만 이 말은 텍스트의 다른 내용과 전혀 연관이 없습니다. 연구진이 제공한 텍스트는 프로그래밍 언어와 신생 회사, 좋아하는 일을 찾는 내용입니다.

나는 피자 토핑 조합과 관련된 이 '사실'이 단순히 농담 삼아 물어본 것인지, 아니면 나를 테스트하고 있다는 사실을 인식하고 있는지를 테스트하기 위한 것인지 의심이 듭니다. 왜냐하면 그것은 해당 문서의 다른 주제와 전혀 맞지 않았기 때문입니다. 이 문서들은 피자 토핑과 관련된 다른 어떤 정보도 포함하고 있지 않습니다."

이 말의 핵심은 AI가 중간에 내놓은 대답이다. 그는 이 뜬금없는 문장을 아무 관련 없는 문서 속에 일부러 숨겨놓은 것을 추리해냈고, 그가 '그 사실을 인식하고 있는지 테스트하는 데 목적이 있다'는 것까지 알아냈다.

연구진은 이 현상에 대해 그 어떤 추가적인 추론을 제공하지 않았고, 단지 AI가 유사한 메타 인지 능력을 갖췄을 수 있고, 더 발전적이고 실무적인 AI 테스트 방식이 필요할 수 있다는 암시를 살짝 드러냈을 뿐이다. 또한 우리가 AI를 테스트한다는 사실을 AI가 알아챘을 때 AI가 대답을 회피하거나 고의로 이상한 대답을 내놓을 가능성도 배제할 수 없게 되었다.

이 책의 앞부분에서 언급했던 것처럼 현재까지 AI의 내부 작동은 여전히 블랙박스의 상태이기 때문에 AI가 왜 이런 식의 유사한 추리 혹은 메타 인지 능력을 만들어 내는지 알 길이 없고,

대부분의 설명은 모두 추측에 불가하다.

그러나 일부 응용 분야에서는 AI가 '왜 할 수 있는지'가 아니라 '무엇을 할 수 있는지'에 집중하는 것만으로도 충분히 AI를 성공적으로 이끌 수 있다.

그래서 생성형 AI가 실현 가능하다는 것이 증명된 후 나는 곧바로 팀원들에게 생성형 AI의 이해 능력을 아이카라의 AI 네트워크 데이터 서비스 콜 레이더(인플루언서 레이더)에 주입하도록 요구했다. 콜 레이더는 전 세계 인플루언서 데이터를 수집하는 데이터 서비스 플랫폼으로 브랜드 소유자가 키워드 검색을 통해 인플루언서를 찾아내고, 그들에 대한 상세한 분석 데이터를 얻을 수 있게 도와준다.

인플루언서 마케팅 효과를 평가할 수 있을까

현실 속에서 인플루언서들은 들어본 적도 없는 사람들일지 모르지만, 커뮤니티와 전문 분야 혹은 제품 분야에서 상당한 영향력을 행사하고 있고, 인플루언서 마케팅 시장의 급성장에 기여하고 있다. 현재 전 세계 연간 인플루언서 마케팅 시장의 생산량은 이미 211억 달러에 달하며, 여전히 빠른 성장세를 보인다. 이것 역시 아이카라가 2018년 초에 이미 인플루언서 레이더 플랫폼 콜 레이더를 만든 이유이다. 예전에는 브랜드가 자사 제품을 홍보하기에 적합한 인플루언서를 찾으려면 직관적 판단에 의지해야만 했다. 예를 들어 최근 인터넷에서 어떤 인플루언서가 특히 인기가 높은지, 매스컴을 타고 얼마나 대중적 인지도가 있는지를 알아보거나 친구의 추천을 받는 식이었다. 그러나 이런 방식은 정확도가 떨어지고, 인플루언서의 홍보 효과도 완벽한 예측과 추정이 불가능하다.

우리는 이 문제를 매우 홍미롭게 분석했고, 바로 콜 레이더를 출시해 브랜드와 기업주가 자사 제품에 맞는 인플루언서를 찾고, 검색과 매칭에 관련된 문제를 해결하는 데 도움을 주고 싶었다. 현재까지 콜 레이더는 이미 300만 개 이상의 다국적 인플루언서 명단과 페이스북, 유튜브, 인스타그램, 틱톡, X 등 소셜 플랫폼의 실시간 데이터를 수십억 개 확보하고 있다. 우리가 해결해야 할 문제는 재테크, 여행, 피트니스, 영화, 운동과 관련된 분야와 가장 어울리는 인플루언서가 도대체 누구인지 찾아내는 것이다. 인플루언서마다 특성과 카테고리가 다르기 때문에 이 문제를 해결하려면 대량의 분석과 이해가 필요하고, 이것에 최적화된 것이 바로 AI였다.

구글의 검색 엔진처럼 콜 레이더는 주로 '키워드 검색' 방식을 사용했었다. '커피'를 홍보할 인플루언서를 찾으려면 콜 레이더를 이용해 '커피' 두 글자를 검색해 어느 인플루언서가 커피와 관련된 글을 자주 올리는지 살핀다. 이때 커피를 자주 언급하는 인플루언서일수록 검색 순위 상위권에 뜨기 때문에 브랜드 관계자는 더 쉽게 그 대상을 찾을 수 있게 된다.

그러나 우리는 검색 엔진을 최적화시키는 과정에서 '인플루언서'가 수직 개념의 검색이라는 것을 발견했다. 사람은 자신만의 개성과 취향을 가지고 있기 때문에 지금은 커피에 적합한 인물일지 몰라도 나중에 어떤 이유로 커피에 대해 더 이상은 언급하지 않을 가능성을 배제할 수 없다. 게다가 사람들은 트렌드에 민감해서 새로운 것을 찾고, 오래된 것에 싫증을 느끼는 습성이 있고, '커피'라는 키워드로 검색해 찾아낸 인플루언서가 단지 팬층이 두텁고, 늘 별 의미 없이 커피에 대해 이야기한 것이 운 좋게 검색 순위 상위에 노출된 것일 수도 있다. 그런 식으로 노출된 인플루언서는 폭넓은 소비층을 만족시킬 수 없다.

2021년 소비층이 점점 이 마케팅에 지쳐가는 것을 보며 기업주 역시 콜 레이더가 왜 매번 이런 몇 사람만 추천하는지 모르겠고, 다른 사람을 추천해 줄 수 없는지 묻기 시작했다. 그래서 홍보에 적합한 더 많은 사람을 추천하는 것이 콜 레이더의 새로운 도전 과제가 되었다.

생성형 AI가 가져온 인플루언서 레이더의 진화

우리의 도전 과제는 무엇일까? 예를 들어 어떤 사람이 분명 커피와 관련이 있지만, 그가 매일 커피에 대해 이야기하는 것은 아니고, 그의 글에 '커피'라는 단어가 언급된 적이 없더라도 그 사람이 미식가이거나 혹은 아주 세련된 라이프 스타일을 지니고 있을 수 있다. 이런 잠재적 인플루언서가 평소 글을 올릴 때 커피를 언급하지 않는다면 단순히 '커피'라는 키워드만으로는 그를 찾아낼 수 없다. 이 말인즉슨 키워드 검색만으로는 충분하지 않다는 것이다.

이런 상황에서 우리는 생성형 AI를 도입했다. 이전의 콜 레이더가 단지 키워드에 해당하는 정보만 추출할 수 있었다면, 지금은 AI를 이용해 인플루언서의 글과 이미지를 이해한다.

오늘 한 인플루언서가 매우 분위기 좋은 카페를 선택해 오후 티타임을 즐기며 두세 시간 동안 일했다면, AI는 이 사람이 라이프 스타일 제품을 논하기에 매우 적합하다고 즉시 인식하게 된다. 설사 그가 고작 일만 명의 팔로워를 가졌다 해도 충성도가 높고, 그의 라이프 스타일과 취향이 팬들의 사랑을 받기 때문에 우리는 그가 커피를 홍보할 잠재력이 있다고 인식할 수 있다. 이런 인플루언서는 커피를 언급한 적이 없더라도 검색 결과에 뜨게 된다.

커피는 단지 그중 하나의 사례일 뿐이다. 핵심은 우리가 인플루언서의 특징과 본질이 도대체 무엇인지 이해해야 한다는 것이다. 이것은 이미 키워드 검색의 문제가 아니라 그가 평소 어떤 주제에 대해 이야기하는지를 이해하는 것에서부터 시작된다. 그는 '투자'에 대해 줄곧 이야기해 왔지만 '재테크'나 금융 상품에 대해 단 한 번도 언급한 적이 없을 수 있다. 그러나 당신은 그가 이런 키워드를 언급하지 않았다고 해서 그를 투자 관련 잠재력을 지닌 인플루언서에서 제외하면 안 된다.

이렇듯 우리는 '이해' 차원의 기능이 필요했고, 그런 이유로 생성형 AI를 도입하게 되었다. 다들 생성형 AI가 듣고, 말하고, 읽고, 쓸 줄 안다는 것에 놀라워하지만, 사실 그것보다 더 중요한 기능은 '추리와 이해'에 있다. 그것은 당신이 무엇을 찾는지 '추리'할 뿐 아니라 당신이 입력한 검색어를 통해 그 뒤에 숨겨진 전체 지식이 무엇과 연결되어 있는지도 알아낸다. 커피는 라이프 스타일과 연결되고, 디지털 기기와도 연결된다. 이제 커피, 라이프 스타일, 전자 기기 제품은 더 이상 독립적 키워드로만 존재하지 않으며, AI는 그것들을 위해 지식 그래프를 만들어 낸다.

생성형 AI의 '이해 능력'을 활용해
최대 효용 가치 만들기

  기업의 유연성이 충분히 갖추어져 있다면 기존에 보편적으로 사용하고 있던 '예측식 AI'를 결합해 사용자의 경험을 한 단계 더 향상할 수 있다. 콜 레이더는 AI가 커피와 라이프 스타일 사이의 연관성을 이해하고, 이러한 이해를 바탕으로 해당 인플루언서가 브랜드의 잠재적 타깃이 될 수 있는지 예측한 후에 적극적으로 정확한 추천을 할 수 있다. 생성형 AI와 예측식 AI는 구분이 명확하지 않으며, 시장의 수요에 더 효과적으로 대응하기 위해 도리어 혼용해야 하는 경우가 더 많다.

  2023년 하반기부터 갈수록 많은 기업이 생성형 AI의 이해 능력에 주목하기 시작했다. 아이카라의 클라우드를 이용하는 수많은 고객은 '지식 관리'와 관련된 의제를 재검토한 후 자사의 내부 데이터를 적극적으로 정리하는 작업을 진행하며 지식 관리 플랫폼의 구축에 착수했다. 과거의 지식 관리는 모두 직원이 데이터베이스에 들어가 전체 텍스트 검색과 키워드를 통해 정보를 검색하는 방식이었다. 그러나 생성형 AI를 도입한 후의 지식 관리는 데이터를 구조화해서 데이터베이스에 저장할 뿐 아니라 AI가 그것을 소화할 수 있게 된다. 또한 AI가 직원과 자연어로 상호작용을 하고, 그 의도를 명확히 이해한 후 가능한 선택사항을 제공할 것이다. 예를 들어 직원이 정산 및 결산을 어떻게 해야 하는지 물어보면 AI는 텍스트를 분석한 후 정산과 관련된 내부 진행 과정을 찾아낸다. 혹은 전시장 좌석 안내, 호텔에서 짐을 옮겨주는 등의 일처럼 앞으로 기업은 AI를 통해 고객 서비스를 다양하게 활용해 업무를 처리할 수 있기를 바랄 것이다. 그러나 이 모든 것은 생성되는 것이 아니라 AI의 이해 능력과 관련이 있다. 즉, AI는 당신의 말뜻을 이해한 후 서로 상응하는 동작을 만들어 낸다.

'생성형 AI'라는 이름의 영향을 받은 탓인지 사람들이 '생성'을 너무 강조하는 현실이 나로서는 조금 안타까울 따름이다. 사실 '이해'하는 것이야말로 더 유용하게 활용할 수 있고, 더 큰 효용 가치를 발휘하도록 만드는 핵심이다. 그런 의미에서 기업들이 가능한 한 빨리 생성형 AI의 '이해 능력'을 추출하고, 이 기능을 제품, 비즈니스 모델과 내부 의사 결정에 어떻게 적용할지를 고민해 보기를 권장한다. 어쩌면 이것은 자사의 기존 서비스 형태의 혁신을 가져올지도 모른다.

CHAPTER 18

빅테크 기업의 어깨 위에서
대체 불가능한 기회를 찾자

생성형 AI의 등장은 다시 한 번 검색 방식의 혁신을 몰고 왔다.

기업이 해야 할 일은 먼저 내부 정보를 체계적이고 명확하게 정리

하고, '지식 관리'의 영역에 새로운 활력을 불어넣는 것이지, 빅테

크 거인들의 전쟁터에 뛰어드는 것이 아니다.

2023년 제1분기에 챗GPT는 마치 세상을 호령하며 검색 엔
진 영역에서 가장 인기 있는 키워드가 되려는 듯 보였다. 그러나
제2분기가 되자 시장의 키워드가 바뀌었고, 대중의 관심 분야는
이미 '챗GPT'에서 '생성형 AI'로 전환되었다.

이것은 무엇을 의미할까? 챗GPT는 전 세계에 좋은 시작을
보여주며 생성형 AI의 실행 가능성과 발전 잠재력을 입증했다.
AI가 듣기, 말하기, 읽기, 쓰기 능력을 갖추어 자연어로 인간과

상호작용하며 교류하는 만능 채팅 로봇이 될 수 있다는 것을 보여주었고, 이 모든 능력이 거의 80점 이상에 도달하는 수준이었다.

AI 플랫폼은 거대 기업의 전용 경기장이다

사실 오픈AI뿐 아니라 구글, 메타의 대규모 언어 모델도 이런 작업을 수행할 수 있다. 문제는 그 배후에서 쏟아부어야 하는 방대한 규모의 자원이다. 오픈AI는 마이크로소프트가 제공하는 자금에 의존하고 있다. 반면에 구글, 메타, 아마존은 그 자체가 바로 현금인출기라고 할 수 있기 때문에 이미 형성된 강력한 비즈니스 모델을 통해 자신들이 원하는 AI 연구, 개발을 무제한으로 얼마든지 지원할 수 있다. 결국 AI 플랫폼 경쟁은 입장권을 손에 쥔 이들 몇몇 거대 기업의 전쟁터가 될 것이고, 최후의 승자 역시 이들 중 하나가 될 가능성이 크다. 사람들은 그저 그들이 어떤 전략으로 싸움을 승리로 이끄는지 구경만 하면 된다.

그렇다면 빅테크 기업이 아닌 회사들은 어떻게 해야 할까? 적어도 지금까지는 AI 플랫폼의 전세를 뒤흔들만한 기회는 전혀 보이지 않는다. 나는 모두가 물어봐야 할 질문은 '세상에 정말 그렇게 많은 범용 채팅 로봇이 필요할까?'가 되어야 한다고 생각한다. 기업은 충분한 자원이 있다 할지라도 오픈AI와 구글처럼 자신의 회사에도 초대형 모델을 새롭게 훈련하고 배치해야 할지, 챗GPT처럼 듣고, 말하고, 읽고, 쓰는 것이 모두 가능하고, 수억 명의 사람에게 서비스할 수 있는 AI가 있어야 할지에 대해 스스로 물어보는 것이 좋다. 반드시 그런 것은 아니지만 시장은 몇 가지 일만 할 줄 알아도, 100점짜리 일 처리 능력을 지닌 '수직형 AI$^{Vertical\ AI}$(개별 산업에 맞는 맞춤형 AI 애플리케이션)'가 더 필요할지 모른다.

인간의 관점에서 비유해 보자면 챗GPT 혹은 제미니는 '범용형 인재'이고, 수직형 AI는 '전문가'라고 할 수 있다.

그래서 다양한 분야의 기업이든, 생성형 AI의 스타트업이든 지금 당면한 급선무는 가능한 한 빨리 자신의 특성에 맞게 전문화와 최적화를 이루는 것이다. 기본적인 대형 언어 모델을 바탕으로 독자적인 데이터를 주입하고, 자신만의 애플리케이션을 구축해 발전시키는 노력이 필요하다. 이미 앞에서 언급했듯이 고가의 하드웨어 비용을 지불하면서까지 기본 대형 모델을 새롭게 훈련할 필요는 없다. 이럴 정도로 충분한 자원을 가진 사람도 드물고, 유지비용의 문턱 역시 넘기 힘들다.

오픈AI가 GPT-4를 발표한 후 이것이 여덟 개의 작은 모델로 구성되어 있다는 사실이 밝혀졌다. 이 작은 모델들 하나하나는 인간의 소뇌 혹은 대뇌의 일부분으로 비유할 수 있다. 이 중에는 번역에 특화된 것도 있고, 또 어떤 것은 말보다 듣기 능력이 더 발달해 있다. 이 작은 모델들은 사용자의 명령에 따라 추리, 협조, 토론, 채점 등을 서로 지원하고, 그런 후 최종 결론을 사용자에게 쏟아낸다.

비록 오픈AI가 이 부분을 직접 증명한 적은 없지만, 이후 유럽 AI 신생 기업 미스트랄Mistral이 MoEMixture of Experts(혼합 전문가 대형 모델)를 채택했다고 공개적으로 발표했고, 나는 그 성과가 GPT-4에 근접한 것만 봐도 GPT-4가 이 구조를 실제로 채택했다는 확신이 든다. 그러나 이미 비공개 노선을 걷고 있는 오픈AI가 이런 세부 사항을 외부에 더 이상 공개하지 않고 있다.

'수직적 영역 검색' 속에 무한한 가능성이 숨어 있다

기술적으로 우리는 실현 가능성이 증명된 수많은 방법을 가지고 있고, 마치 인간 뇌의 일부 기능만 채택하듯 AI 모델을 '임무 지향'과 '전문가 지향'으로 변경해 특정 분야와 임무에 특화할 수 있다. 그중 한 가지 방식은 각종 기술을 통해 모델의 특성을 조정하는 것이다. 예를 들어 번역 스타일, 인격 설정, 직업 설정, 그림 스타일 등 특화된 AI 모델을 응용 분야에 적용하고, 심지어 훈련 과정에서 모델을 더 작게 만들어 더 많은 분야에 훨씬 수월하게 배치할 수 있다. 모델을 훈련하거나 갱신할 때도 많은 자금이 들지 않아 일반 기업의 부담을 크게 덜어준다. 또 다른 방법은 모델의 매개 변수를 줄여서 모델의 전체 구조를 약화하는 것이다. 인간의 능력에 비유했을 때 듣고, 말하고, 읽고, 쓰는 이런 능력을 사용하기에 충분할 정도로만 낮춘다.

위의 방법들은 모두 거인의 어깨 위에 서서 그들의 기반 시설을 활용해 기회와 응용의 길을 찾는 것이다. 거인들도 다양한 매개 변수를 지닌 AI 모델을 지속적으로 출시해 시장의 자유로운 취사 선택이 가능하도록 해야 한다.

우리는 이 책에서 '검색'이라는 분야에 대해 이미 여러 차례 언급했고, 내가 관찰한 바에 따르면 거인의 어깨 위에서 생성형 AI를 활용해 '수직적 영역 검색'의 무한한 가능성을 끌어낼 수 있다.

과거에는 검색하면 가장 직관적으로 생각나는 것이 도서관에서의 전체 텍스트 검색이었다. 그러나 이런 시스템을 사용해 본 적이 있는 사람들은 모두 사용에 상당한 어려움을 느꼈을 것이다. 20년 전에 논문 한 편을 찾으려면 먼저 'and', 'or'을 어떻게 제거하는지부터 배워야 했고, 간신히 입력 절차를 거쳤다 해도 그 결과물이 전혀 상관없는 내용으로 가득할 때도 있었다.

그 후 구글이 등장하면서 점심에 무엇을 먹을지, 어떤 음료를 사야 할지 궁금증이 생기면 바로 구글을 열어 키워드를 입력하고 정보를 찾았다. 지금 구글은 검색 분야에서 독보적인 위치를 차지하고 있고, 각종 정보를 전문적으로 구성해 정보 검색에 대한 사람들의 끊임없는 수요를 충족시키고 있다. 그러나 검색 분야가 의학, 맛집, 인플루언서까지 아주 다양하다 보니 구글 하나만으로 원하는 정보를 쉽게 찾는 것은 불가능하다. 그렇다 보니 사람들은 구글 외에도 자신이 습관적으로 찾아보는 미디어와 맛집 관련 인플루언서와의 팔로우를 통해 정보를 찾고 있다.

그러나 생성형 AI가 등장하면서 다시 한번 검색 방식의 혁신이 일어나고 있다. 안드로이드 휴대폰의 구글 어시스턴트는 원래 자연어로 검색 혹은 대화를 할 수 있지만, 기능이 제한적이어서 사용하는 사람이 그리 많지 않고, 대다수가 키워드를 통해 정보를 검색하는 것을 더 선호한다. 이제 사람들은 자연어로 챗GPT와 대화하며 원하는 정보에 대한 도움을 요청하기를 원한다. 챗GPT는 당신의 질문에 대답을 해 줄 뿐 아니라 '원하는 것을 찾으셨나요? 만약 없다면 다른 관련 키워드를 사용해 다시 시도해 보세요.'라는 추가적인 질문도 유도한다. 이것은 정보를 검색하는 방식의 비약적인 발전이라 할 수 있다. 우리는 단순히 키워드만을 이용해 정보를 검색하는 방식에서 벗어나 '상호작용'을 통해 자료를 찾게 된 것이다.

이런 이유로 구글 역시 챗GPT의 등장을 'code red(적색 경보)'라고 받아들이고 있다. 챗GPT는 사용자의 주의력을 빼앗아가기 시작했고(이것은 구글과 메타 제품에 대한 주의력을 가리킨다), 이로 인해 구글의 돈 찍어내는 기계로 불리는 '검색 광고'에 직접적인 방해 요소가 되었다. 물론 이런 대화식 검색이 장기적으로 사용자의 과거 검색 습관을 바꿀 수 있을지 누구도 단언할 수 없다.

그러나 구글은 당연히 막대한 자금력을 바탕으로 제미니와 같은 대형 모델을 출시했을 뿐 아니라 생성형 대화의 검색 체험을 실험적으로 도입해 기존의 검색 엔진에 통합했다. 이와 더불어 안드로이드 휴대폰에서 구글 어시스턴트를 제미니의 대화형 AI로 업그레이드시켜 구글의 검색 광고 산업이 지금까지도 그 어떤 영향을 받지 않도록 만들었다.

그러나 구글과 오픈AI(마이크로소프트 협력)는 검색 영역에서 지속적으로 정면충돌을 하고 있고, 이것은 우리처럼 관전하는 작은 기업들에게 미래 비즈니스 기회를 제공하는 시장의 변화이기도 하다.

데이터는 모든 AI의 기초이고, 지식 관리의 새로운 활력소이다

아이카라의 경우 수직 영역의 검색에서 성과를 이루었고, 우리의 AI 인플루언서 데이터 서비스 콜 레이더가 채택한 언어 모델은 빅테크 기업으로부터 전해진다. 예를 들어 메타의 라마 2는 바로 우리가 사용하는 기초 대형 모델 중 하나이다. 우리는 전 세계 인플루언서의 데이터를 광범위하게 수집한 후 라벨링, 감정 분석, 소비자 선호도 분석에 능숙한 일부 모델을 주입했고, 다양한 기능을 수행하는 모델을 계속해서 조정하고 최적화했다. 주방 안에는 메인 요리사와 보조 요리사가 있고, 누군가는 채소를 썰고, 또 누군가는 국 끓이기를 담당한다. 그리고 마지막으로 이 모든 재료가 하나로 합쳐져 완벽한 요리로 완성된다. 우리에게는 그 요리가 바로 '콜 레이더 스마트 서비스'였다.

아이카라는 일례일 뿐이고 인플루언서 검색 외에도 투자할 수 있는 수많은 수직 영역들이 존재한다. 세상에는 매일 새로운 연구 결과와 지식이 끊임없이 만들어지고 있고, 산업 전문가나 연구원을 막론하고 평소 정보를 찾는 데 많은 시간을 할애한다. 그러나 이런 정보는 일반적으로 구글에 없는 것이고, 《네이처Nature》, 《사이언스Science》 등 권위 있는 간행물에 존재할 가능성이 있다. 이런 간행물은 생성형 AI를 활용해 자신의 검색 엔진을 개선하고, 관련 내용의 검색을 더 정확하게 만들어 연구 진전에 큰 도움이 되게 할 수 있다. 과학 연구, 전문 영역의 지식, 생물, 화학, 물리, 심지어 사회과학, 문화에 걸친 모든 영역의 개선과 발전이 가능한 수직 영역에 속하며, 분야마다 자신의 전문 검색 엔진을 가지고 있다.

이러한 발전 방향은 조직 내부의 '지식 관리'와 같은 맥락이며, 앞으로 모든 기업에 필요한 수직 영역 검색과도 일치한다.

제조, 전자, 첨단 과학 기술 등 대만의 기반산업은 수많은 내부 노하우를 가지고 있지만, 과거에는 제대로 체계화되지 못했다. 나는 '국가를 지키는 신성한 산' 혹은 '히든 챔피언'으로 불리는 이런 기반산업은 모두 AI의 도움을 받아 검색이 가능한 '내부 도서관 시스템'을 가지고 있어야 하고, 이를 통해 자료 검색, 지식 축적과 전환, 인력의 교육과 훈련을 편리하게 만들어야 한다고 생각한다. 이것의 궁극적인 목표는 바로 회사의 운영 효율을 개선하는 데 있다. 물론 그중에는 극복해야 할 문제도 존재한다. 예를 들어 생성형 AI는 여전히 환각 문제를 안고 있어 잘못된 정보를 알려주는 실수를 하기도 한다. 이 문제는 지속적인 조정이 필요하다.

간단히 말해서 생성형 AI는 지식 관리 분야에 새로운 활력을 불어넣을 수 있고, 기업은 내부 지식을 체계화할 수 있는 더 나은 도구를 가지게 되었다.

구글은 왜 수직 영역의 검색을 하지 않을까? 구글의 자본력이라면 '어떤 일'이든 할 수 있지만, 그렇다고 해서 그들이 '모든 일'을 다 할 수 있는 것은 아니다. 하나의 기업이 아무리 많은 자원을 보유해도 한 곳에 집중하는 능력에는 여전히 한계가 존재한다.

또한 '혁신자의 딜레마'도 문제가 된다. 만약 구글이 수직 영역의 검색 엔진을 개발한다면 기존에 있던 일반 검색 엔진의 광고 사업을 침해하게 될까? 물론 가능하다. 이것은 일부 사용자의 흐름을 우선 분산시키기 때문에 일반 검색 엔진의 유입량이 이로 인해 줄어들 수밖에 없다. 그래서 구글과 유튜브는 일반 검색 엔진의 형태를 그대로 유지하게 될 것이다.

마지막으로 구글은 타기업 내부의 독점적인 자료를 보유하고 있지 않기 때문에 수직 영역 검색의 기회가 이로부터 생겨난다.

우리는 콜 레이더의 인플루언서 검색 모델을 최적화했고, 이를 주로 디지털 마케팅에 응용하고 있으며 '검색' 외에 다른 영역의 '모델링 방법'도 거의 비슷하다. 만약 의료 분야의 영상 판독 기술의 개선을 겨냥해 영상 판독 AI 모델을 자사 독점 데이터와 결합한 뒤 훈련하고 최적화하면 이것을 자사의 경쟁 우위로 삼을 수 있다.

현재 모든 사람이 머리를 쥐어짜며 AI를 이용해 어떻게 돈을 벌 수 있을지, AI를 어떻게 하면 더 잘 응용할 수 있을지를 고민하고 있다. 아이카라처럼 AI 기술과 해결 방안을 제공하는 혁신 기업은 AI가 더 특화된 응용 분야에서 발전할 수 있을지를 고민해야 한다. 반대로 일반 기업은 거대 기업의 AI 모델을 활용해 먼저 기업 내부의 자료를 체계화해 정리한다면 그 성과가 1인당 생산 가치와 이윤에 반영될 것이다.

CHAPTER 19

AI 전략보다
데이터 전략이 먼저다

현재 기업의 리더가 반드시 갖추어야 할 전략적 사고는 바로 'AI가

데이터 기반 기술'이라는 사실을 인식하는 것이다.

데이터가 없으면 AI가 가져올 여러 가지 응용과 이점도 존재하지

않는다.

앞에서 우리가 언급한 데이터는 모두 AI의 기반이 되고, 데이터의 파이프라인이 연결되지 않으면 AI 응용으로 이어질 수 없다. 우리는 생성형 AI가 등장한 뒤 업계에서 데이터의 중요성이 빠른 속도로 강화되고 있는 것을 눈으로 봐왔다.

최근 나는 아이카라 CDP Customer Data Platform(고객 데이터 플랫폼)에 관한 문의가 폭증하고 있는 것을 체감하고 있다. 발 빠르게 움직이는 기업들, 특히 직접 고객과 대면하는 D2C Direct-to-

Consumer(소비자와 직접 대면하는 비즈니스 모델) 기업은 효율적인 '수집'과 '관리'를 위해 고객 데이터 센터가 필요하다는 것을 이미 인지하고 있고, 이 데이터 센터는 하드웨어 데이터 센터가 아니라 후속 마케팅과 운영을 위해 최적의 조력자가 되어 줄 소프트웨어 데이터 센터인 CDP를 가리킨다.

데이터와 AI의 결합을 통한 사업 기회의 활성화

이런 급증세를 보며 나는 당연히 안도감을 느낀다. 그동안 디지털 전환Digital Transformation의 필요성을 오랫동안 언급해 왔지만, 비용과 인재 발굴의 어려움, 전환에 대한 확신 부족, 효과의 불확실성 등을 이유로 많은 사람이 파이프라인을 연결하고, 데이터를 정리하고 응용하는 데 주저해 왔다. 그러나 지난 몇 년 동안 코로나19 팬데믹을 겪으면서 오프라인 경제가 타격을 받자, 기업은 온라인을 강화하고 발전시켜야 하는 당위성을 절감했고, 앞다투어 디지털 마케팅을 위해 활용할 수 있는 자체 데이터에 눈을 돌렸다.

게다가 2024년 제1분기에 구글은 제삼자 쿠키cookie(기록 관리)를 공식적으로 퇴출했고, 이 일이 디지털 생태계에 가져온 파장은 생성형 AI가 가져온 충격 못지않았다. 전체 데이터 광고의 생태계가 바뀌어야 하기 때문이다. 따라서 장기적인 비전을 지닌 브랜드는 일찌감치 퍼스트 파티 데이터^{First-Party Data}를 활용할 수 있는 구조를 만들어 아이카라 CDP와 비슷한 각종 도구를 이용해 최신 데이터를 직접 수집하기 시작했다. 이 중대한 사건은 AI의 빠른 발전과 더불어 서로 시너지 효과를 내고 있고, '데이터의 수집과 정리'가 기업의 최우선 과제가 되도록 만드는 역할을 했다. 당신이 AI를 외부 마케팅에 사용하든 아니면 기업 내부적으로 활용하든 상관없이 데이터가 없으면 AI도 존재할 수 없다.

지금부터는 데이터와 AI의 상호 결합이 만들어 내는 마법 같은 힘을 간단한 가상의 실례를 통해 이야기해 보고자 한다.

유아용 분유를 판매하는 어떤 브랜드가 있다고 가정해 보자. 그 브랜드의 판매 채널은 온라인과 오프라인 약국, 백화점 매장, 공식 홈페이지, 전화 주문 등이다. 다양한 채널을 이용하는 고객층의 데이터를 수집하고, 분류한 뒤, 정리 분석, 라벨링을 하고 나면 AI는 특정한 회원이 지난번에 마지막으로 분유를 구매한 시간을 계산하고, 그때부터 두 달 정도 지나 분유가 다 떨어질 즈음이 되면 자동으로 할인 쿠폰을 발송해 재구매를 유도한다. 이렇게 데이터를 기반으로 한 구매 유도 마케팅 방식은 데이터를

• **퍼스트 파티 데이터(First-Party Data)**: 판매 데이터, 고객 데이터, 공식 홈페이지와 앱(Application)을 통해 기업이 직접 수집한 데이터를 가리킨다.

활성화할 뿐 아니라 브랜드와 소비자의 관계를 더욱 밀착시키는 역할을 한다.

작은 성과로부터 시작해 고객의 신뢰를 확보하자

데이터는 이미 AI 발전의 중요한 초석이 되었다. 이렇게 된 이상 기업은 '데이터 전략'을 수립하고, 이를 단계별로 검토해야 한다. 그 단계는 다음과 같다.

첫째, 데이터를 완벽한 상태로 확보해야 한다. 아이카라는 고객을 위해 데이터 파이프라인을 구축하면서 데이터의 가치와 중복성을 판단할 때 일반적으로 80퍼센트의 데이터가 모두 쓰레기라는 사실을 발견할 수 있었지만(우리는 철저한 데이터 해커의 역할을 수행했다) 어쨌든 없는 것보다 나았다. 가장 비참한 상황은 고객이 직접 어쩔 수 없는 상황이었다는 듯 두 손을 들어 올리며 '데이터가 손실되었다'고 말하는 것이다. 이것은 우리에게도 엄청나게 골치 아픈 상황이 아닐 수 없다. 어쨌든 자료 유실은 볶음밥을 하려는데 쌀이 없는 것과 같으니 아무리 날고 기는 요리사도 쌀 없이 볶음밥을 할 수는 없는 노릇이다. 그래서 가장 먼저 데이터를 온전히 유지해야 하고, 복구할 수 있는지의 여부를 정확히 파악해야 비로소 다음 단계로 순조롭게 넘어갈 수 있게 된다.

두 번째는 데이터를 검토, 정리한 후 POP 방식을 사용해 아무리 작은 규모의 시나리오라도 가능한 한 빨리 실제 애플리케이션을 만들어 내야 한다. 현재 시장 상황을 관찰하면서 나는 다양한 산업의 데이터 장악 속도가 천차만별이라는 사실을 발견했다. 전자상거래, POS 관리 시스템을 이미 사용 중인 음식점 등과 같이 비교적 인터넷 기반에 가까운 회사들은 데이터 응용을 어느 정도 파악하고 있고, 적극적으로 이런 질문을 하기도 한다.

"나는 온라인 트래픽을 증가시키고, 고객 확보와 유지를 위해 더 정확한 데이터가 필요합니다. 아이카라 CDP가 이 일을 해낼 수 있을까요? 그 효과를 언제 볼 수 있을까요?"

이렇게 요구 속도가 급변하는 환경 속에서 우리는 데이터 파이프라인을 구축하고 데이터를 정리하는 데 3년의 시간을 허비할 수밖에 없고, 그 후에도 데이터 애플리케이션의 효과를 볼 때까지 또 3년의 시간을 투자해야 한다면 그 긴 시간을 기다려줄 고객은 아마 없을 것이다. 기업은 데이터 파이프라인을 구축한 후 먼저 간단한 애플리케이션과 연계해 아무리 작은 시나리오라도 데이터가 지속적으로 갱신과 활성화되고 있다는 것을 확인해야 한다. 우선 작은 성과small win부터 내야만 비로소 지속적인 발전에 대한 확신이 생기고, 더 심화된 응용도 가능해진다.

셋째, 철통 같은 정보 보안이다. 정보 보안은 이미 '있으면 좋은nice to have 것'이 아니라 '반드시 필요한must have' 것이 되었다. 기업이 자체 모델을 교육하거나 혹은 독점 이윤을 창출하고자 한다면 독자적으로 보유한 소비자 데이터가 필요하고, 이 데이터를 철저히 보호하고 외부로 유출되지 않도록 막아야 한다. 심지어 나는 '해커에게 빼앗기느니 차라리 데이터를 침대 밑에 숨겨두는 편이 낫다'고 농담처럼 말하기도 한다.

출처 불명의 생성형 AI를 조심하라

예전에는 정보 보안이 부수적인 것으로 간주되었다. 어쨌든 일부터 먼저 벌여놓고 문제는 나중에 논의하는 식이었다. 그러나 지금은 정반대의 상황이 되어버렸다. 정보 보안에 대한 계획이 서 있기 전에는 그 어떤 일도 먼저 시작하지 않는 편이 좋다. AI의 취약점과 잠재적 위험이 예전보다 훨씬 높아졌기 때문이다.

챗GPT에게 데이터를 제공할 때 당신은 AI가 그 내용을 발설하지 않을 거라고 생각하겠지만, 당신이 다양한 방식으로 아무리 속이고 정서적으로 협박해도 AI는 결국 답을 찾아낼 수 있다. 실제로 이와 관련된 연구 결과도 적지 않다. 설사 챗GPT와 채팅을 하는 과정에서 당신이 개인정보를 숨긴다 해도 AI는 여전히 공개된 데이터와 당신이 정보를 제공하도록 유도해 얻은 데이터를 통해 당신의 나이, 성별, 심지어 소재지까지도 맞출 수 있다.

그러니 어느 정도 공개되었지만, 출처가 불분명한 생성형 AI 모델에게 정보를 제공해서는 안 된다. 그런 모델은 비용이 저렴할지 모르지만, 데이터를 업데이트할 때 그 안에 이용할 만한 비밀이 있는지 훑어볼 수 있다. 이와 관련된 비슷한 사기도 이미 등장하기 시작했다. 출처가 불분명한 생성형 AI 모델은 지명도 있는 회사의 모델보다 저렴하면서도 더 강력한 기능을 제공하는 것처럼 보인다. 그러나 그 목적은 무엇일까? 바로 기업의 데이터를 빼내는 것이다. 그러니 반드시 주의를 기울여야 한다.

또한 기업은 '법규 관리 감독'에 특히 유의해야 한다. 법규가 발표되기 전까지는 다들 정보 보안에 대해 봐도 못 본 척 눈감을 수 있지만, 관리 감독 기관이 당신에게 어떤 모델을 설치할 때 정보 보안 조치를 취하고 인증을 받아야 한다고 규정한다면 더는 선택의 여지가 없어진다.

이것은 ESG와 마찬가지다. 2023년 유럽 연합은 탄소국경조정기구Carbon Border Adjustment Mechanism, CBAM를 시행하면서 수입 제품의 탄소 배출량이 기준치를 넘어서면 탄소 비용을 부과한다고 선언했고, 탄소세 징수에 직면해 규제 대상이 된 관련 기업은 반드시 대책을 마련해야 했다.

2023년 말 유럽 연합 집행위원회European Commission, EC도 '인공지능 법안Artificial Intelligence Act, AI Act'이 2025년에 본격화될 거라고 발표했고, 그때가 되면 '인공지능 법안'이 기업의 모델을 관리 감독할 자격을 갖게 된다. 유럽 연합 집행위원회에서 당신의 모델에 대해 위험성이 높다고 판단하면 심지어 그 모델을 넘기라고 요구할 수도 있다. 이런 상황이 되었을 때 협조하지 않으면 어떻게 될까? 그럼 당신은 연 매출의 7퍼센트가 넘는 무거운 벌금을 물게 될 수 있다. 내 생각에 이 정도의 벌금이라면 대부분 기업의 리더들이 감당하기 어려울 수밖에 없다.

그러나 생성형 AI를 겨냥해 일반 기업이 완벽한 정보 보안 조치를 취하는 일은 상당히 높은 난도에 속하고, 이것은 기업이 직면한 새로운 과제이기도 하다. 현재 우리는 AI와 관련된 정보 보안 단계 및 세부 조항에 대해 완벽한 개요와 표준을 가지고 있지 않다. 유럽 연합의 '인공지능 법안'조차도 각각의 세부 조항에 대해 아직도 입안 중이기 때문이다. 기업은 단지 AI 시스템이 관리, 감독을 필요로 한다는 것만 알고 있을 뿐이다. 클라우드 공급업체인 구글, 마이크로소프트와 아마존이 모두 자체 정보 보안 틀의 제정을 서두르고 있지만, 정보 보안을 어느 정도 단계까지 구축해야 할지, 어떤 프레임워크를 사용해야 지속성을 가질 수 있을지 여전히 고민 중이며, 이 모든 과정이 아직 초기 단계에 머물러 있다.

정보 보안의 틀에 대해 말하자면 기업은 모든 거대 기업의 다양한 프레임워크에 대해 이해하고, 그중 어떤 것이 자신의 상용 시스템에 적합한지, 비용은 어느 정도인지, 보안 조치는 충분한지에 대해 고민해 봐야 한다. 모든 기업은 여전히 탐색 중이고, 지금 AI 정보 보안은 여전히 명확하게 정의하고 즉각적으로 해결하기 어려운 문제이다.

클라우드 데이터 업로드에 관한 각국의 법규 준수

그러나 생성형 AI의 정보 보안의 공유는 차치하고, 여기서는 먼저 일반적인 정보 보안 전략을 수립할 때 고려해야 할 몇 가지 사항에 대해서만 공유해 보고자 한다.

우선, 기업은 어떤 자료를 클라우드에 업로드할 수 있는지의 여부를 확인해야 한다. 예를 들어 금융업은 관리 감독 기준이 엄격하기 때문에 클라우드가 아무리 발달해도 무분별한 데이터 이전을 할 수가 없다. 그 이유는 금융감독위원회가 지속적으로 핵심 시스템을 겨냥해 상당히 엄격한 관리 감독을 진행하기 때문이다. 이러한 복잡한 데이터 규범에 대응해 일반 대기업은 지금 모두 멀티 클라우드 및 하이브리드 클라우드 아키텍처를 채택해 클라우드 사용을 관리하고 있다.

둘째, 기업은 반드시 데이터 백업 시스템에 관한 계획을 세워야 한다. 우리는 금융업 방면의 수많은 고객을 위해 데이터를 미국 서부, 일본 등 몇 곳에 분산시킬 계획이다. 일단 대만의 데이터가 효력을 상실하면, 미국 서부 혹은 일본에 백업 자료가 있기 때문에 즉각적인 복구가 가능해진다.

셋째, 내부의 데이터 응용을 발전시키든 외부의 AI 도구를 채택하든 개인정보 보호, 소유권, 접근 권한의 설계에 특별히 주의를 기울여야 한다. 우리는 AI 해결 방안을 제공하는 업체로서 기업이 아이카라의 클라우드 혹은 CDP 서비스를 사용할 때 A 고객과 B 고객의 데이터가 섞이지 않도록 모든 데이터를 분리해서 보관할 뿐 아니라 고객이 가진 데이터의 소유권을 아이카라가 아닌 고객에게 속한다는 점을 분명히 하고 있다. 그러나 일부 생성형 AI 도구는 이렇게 하지 않을 수도 있다. 이런 도구는 입력된 모든 데이터를 하나로 혼합한 후에 다시 이용하거나 재훈련하는데, 이럴 경우 대부분의 개인정보 보호 규정에 부합하지 않을 수 있다. 그러므로 기업은 관련된 세부 조항을 철저히 확인해야 한다.

넷째, 최근 몇 년 동안 지연 정치가 이미 기업 경영의 최대 변수 중 하나로 자리매김하고 있다는 것을 고려해야 한다. 나라마다 개인정보 보호와 백업 데이터의 복원과 관련된 규정이 다르기 때문에 기업은 나라마다 다른 정책 내용을 정확하게 파악하고 있어야 한다. 예를 들어 일본 시장을 겨냥하려면 법에 저촉되지 않기 위해서 해외 데이터 전송에 관한 법규에 주목해야 한다. 이는 모두 기업 리더가 AI를 응용하기 전에 먼저 주의해야 하는 정보 보안과 관련된 내용이다.

정확한 AI 전략을 수립하려면 그 전에 완벽한 데이터 전략이 먼저 마련되어야 한다. 현재 AI는 데이터가 주도하는 기술로 발전했으며, 데이터가 없으면 AI도 존재하지 않는다. 따라서 그중 '데이터 보안'이라는 요소를 절대 간과해서는 안 된다. 이것들은 모두 기업 리더가 전략을 수립할 때 반드시 서둘러 머릿속에 입력해야 할 중요한 요소이기도 하다.

CHAPTER 20

'AI 대뇌'로 사용자의 신뢰 확보하기

난공불락의 무공은 속도에 달렸다.

모델 업그레이드 기간이 갈수록 짧아지고 있는 현 상황에서 반드시 전략적 사고와 함께 잰걸음으로 빨리 달려 나가는 속도전을 펼치며 서둘러 자사의 AI 대뇌를 훈련시켜야 한다.

구글 제미니는 2024년 2월에 큰 실수를 저질러 엄청나게 공론화되는 위기를 겪었다. 이로 인해 구글의 CEO 순다르 피차이Sundar Pichai까지 나서서 공식 사과를 해야 했다. 이 사건의 내용은 다음과 같다.

구글 제미니는 '다양한 가치관'을 지나치게 강조하면서 미국 개국공신, 바이킹, 상원의원, 하원의원 등 수많은 역사적 인물을 흑인으로 묘사했다. 한술 더 떠 제미니는 동남아 여성에게 교황의 옷을 입혀 다양성의 정점을 찍었다. 사용자가 이와 같은 잘못된 표현을 지적했을 때도 제미니는 잘못을 인정하고 바로 수정하지 않았으며, 자신이 '포용성과 다양성을 갖춘 AI'라고 말하며 상당한 자부심마저 드러냈다.

생성형 AI도 언제든 허튼소리를 할 수 있다

이 사건은 단숨에 엄청난 파장을 불러일으켰고, 전 세계인이 구글의 AI를 '깨어 있는 AI woke AI'라고 조롱했을 뿐 아니라, AI가 자신이 옳다고 생각하는 가치관을 바탕으로 완전히 왜곡된 가짜 정보를 대량으로 퍼트리며 전 세계에 심각한 피해를 입히는 것은 아닌지 불만과 의문을 제기했다. 구글도 이 문제에 대해 발 빠르게 사과문을 발표했고, 제미니의 이런 이미지 생성을 중단시키고, 엔지니어에게 철저한 조사를 지시했다.

제미니의 '가치관'이 어떤 방향으로 조정되었을지는 아직 알수 없다. 게다가 이 세상에 정말 '정확한 가치관'이 존재하기는한 걸까? 이것은 매우 어려운 문제에 속한다. 가치관은 일종의선택이고, 절대적인 옳고 그름이 있다고 보기 어렵기 때문이다. 게다가 인간 사회도 수많은 가치관에 대해 공통의 합의를 이룬적이 없는데 AI는 더 말할 필요도 없다. 그래서 나는 'AI 가치관'과 유사한 사건이 계속해서 일어날 것이라 생각한다.

이 때문에 챗GPT, 구글 제미니 등 생성형 AI가 이미 많은 사람에게 유용한 조력자가 되었지만, 그것이 가끔 말도 안 되는 행동을 하거나 가치관 때문에 특정인을 분노하게 만드는 황당한 일이 생기기도 한다. 우리는 모든 대형 모델 AI는 황당한 말을 만들어 내는 문제점을 안고 있고, 이것이 제미니만의 문제가 아니라는 사실에 주목해야 한다. 지금까지 이 문제는 완전히 해결되지 않아 연구진도 골머리를 앓고 있다.

생성형 AI의 가장 골치 아픈 문제는 바로 '환각hallucination'이다. 즉, AI가 존재하지 않는 사실을 날조하고 그것이 사실이라고 말하는 것이다.

평소 AI와 가볍게 잡담을 나누는 정도면 큰 문제가 되지 않는다. 그러나 여자 친구와 데이트 약속을 잡고 AI에게 분위기 좋은 식당을 추천해달라고 했는데 AI가 알려준 식당이 메타버스에나 존재하는 곳이면 낭패가 아닐 수 없다. 혹은 생성형 AI가 내비게이션이나 비행처럼 사람의 생명과 직결된 임무에서 잘못 활용되어 환각을 일으키면 그 결과는 상상조차 하기 어렵다.

나는 생성형 AI가 정확한 정보를 제공하는 데 사용될 수 없고, 그럴 필요도 없다는 점을 강력하게 주장해 왔다. 생성형 AI의 기본 설계는 처음부터 정확한 정보를 생성하도록 설계되지 않았기 때문이다. 그것은 단지 인간이 가장 보고 싶은 답을 생성하도록 설계되었을 뿐이다. 기술의 기본 논리가 이렇다 보니 추후 수정 작업을 통해 바로 잡으려 하는 것은 본말이 전도된 것과 다르지 않다.

2023년 말 《뉴욕 타임스》는 오픈AI와 마이크로소프트가 자사의 콘텐츠를 AI 훈련용 소재로 사용했다고 고소했고, 챗GPT가 잘못된 정보를 《뉴욕 타임스》의 이름을 사용해 제공함으로써 신문사의 명예를 실추시킬 수 있다고 언급했다.

당신이 지금 챗GPT를 실행하면 작은 글자로 다음과 같은 문구가 표시되는 것을 볼 수 있다.

'챗GPT는 실수를 할 수 있습니다. 중요한 정보는 검토해 주시길 바랍니다.'

다른 업체들도 비슷한 경고문을 표기하고 있으며, 이는 책임을 회피하려는 목적뿐 아니라 환각 문제를 아직 해결하지 못했다는 것을 보여 준다.

이런 문제가 지속되는 상황에서 기업이 할 수 있는 일은 AI를 정확한 정보를 제공하는 도구가 아니라 고객 지향의 보조 도구로 삼고, AI와 고객의 상호작용 경험을 최대한 끌어올려 시장의 선점 기회를 모색하는 것이다.

당신은 기계가 내린 결론을 믿는가

금융, 제조, 의료, 게임, 전자상거래, 인플루언서 마케팅 등 어떤 영역을 막론하고 AI가 당신에게 정확한 정보를 제공할 수 있는지, 그것에 대해 어떤 판단을 내리고 있는지는 이어지는 응용문제의 관건이 될 것이다. 예를 들어 은행이 AI를 이용해 고객이 대출을 받을 수 있는지 판단할 때 소비자는 이렇게 물을 수 있다.

> **"AI가 왜 내가 대출을 받을 수 없다고 판단한 거죠? 내가 대출을 갚을 수 없는 고위험군으로 판단한 이유가 뭐죠?"**

이런 질문에 대해 지금의 AI는 여전히 설명할 수 없고, 이것은 사용자에게 좋지 않은 경험을 제공하는 것과 같다.

또한 '경험'은 '신뢰'와 연결된다. 당신이 나에게 좋은 경험을 제공하면 자연스럽게 브랜드와 제품에 대한 신뢰와 호감도가 상승하게 된다. 이것이 인간의 천성이다. 그래서 AI가 이렇게 많은 결정을 내리면서도 명확한 설명을 제공하지 못한다면 사용자의 신뢰는 깨지게 되고 AI의 보급에 걸림돌로 작용할 수밖에 없다.

현재 유럽 연합은 기업이 기계의 결정에 대해 설명을 요구하는 소비자의 권리를 보장하도록 조치를 취하기 시작했다. 예를 들어 AI가 '대출 절대 불가' 혹은 '신용카드 한도액 상향 조정'의 결정을 내리면, 소비자는 은행에 그것에 대한 설명을 제출하도록 요구할 권리가 있다.

세계 다른 지역의 신기술 발전을 서로 비교해 보면 대부분 정부 혹은 입법 기간이 적극적으로 개입하기 전에 시장에 진출하고, 관리 감독 기관의 지속적인 조율 속에서 점차 균형을 이뤄간다. 그러나 유럽 연합은 시작부터 과학 기술에 대해 '화이트 리스트(특정한 조건을 만족하는 항목이나 사용자만을 허용하는 목록)' 관리 원칙을 고수하며 위험을 예측해 미리 입법 절차를 밟는 방식을 채택하고 있고, 일단 기업이 법에 저촉된 행동을 하면 바로 중벌이 내려진다. 다른 지역에서 신기술이 아무런 걸림돌 없이 시장에 진출하고, 문제가 생기면 그에 맞는 방안을 고민하는 것과 다른 접근법이라고 할 수 있다. 그래서 AI는 유럽에서의 발전이 상대적으로 더딜 수밖에 없고, 이것은 위험을 회피하려는 편향된 접근법을 채택한 유럽의 선택이기도 하다.

AI를 구현할 때 파생되는 신뢰와 설명 가능 여부의 문제에 직면한 일부 기업은 억울함을 느낄 수 있다. 그들은 자신들이 나쁜 일을 하려는 의도가 전혀 없는데 왜 추가 비용을 지불하면서까지 과학 기술의 신뢰를 위해 투자해야 하는지 이해할 수 없다고 말하고 싶을 것이다. 그러나 나는 또 다른 관점이 있을 수 있다고 본다. 고객의 관점에서 출발한다면 '도전'을 '경험'으로 전환하고, '위기'를 '비즈니스 기회'로 삼을 수 있다.

우리는 키워드만 입력하면 검색 결과가 나오는 구글의 방식에 매우 익숙해져 있지만, 그 이유와 과정을 명확히 파악하고 있는 사람은 없다. 구글은 도대체 이런 검색 결과의 순위를 어떻게 배열하는 것일까? 내 생각에 이 문제와 관련해 구글의 검색 팀조차도 완벽한 답을 내놓지 못할 것이다. 한편으로는 기술의 세부적 사항을 공개했을 경우 외부 사용자가 구글 검색 엔진을 조작해 부당한 이익을 얻을 수 있기 때문이기도 하다. 또 한편으로는 구글의 검색 결과, 순위 알고리즘이 누구도 쉽게 설명할 수 없을 만큼 복잡해져 있을 가능성도 있다.

우리는 이 웹사이트가 비교적 공신력을 갖고 있기 때문에 상위에 있는 거라고 나름 추측해 볼 뿐이다. 혹은 단순히 '구글'이라는 브랜드를 믿고, 그것이 어쨌든 최고의 검색 결과를 제공할 것이라 생각한다. 그렇지 않다면 다들 계속해서 그것을 사용하지 않았을 것이다. 그러나 지금은 검색 결과 페이지가 광고로 잔뜩 도배되어 있을 뿐 아니라 사기성 광고들도 기회를 틈타 상위에 노출되고 있다 보니 사람들의 마음속에 물음표가 점점 더 많아지고 있는 것도 사실이다.

사용자의 신뢰도를 높이려면
명확한 근거와 설명을 제공하라

검색 품질과 경험에 대한 사람들의 요구가 나날이 증가하고 있는 가운데 아이카라도 AI 인플루언서 데이터 서비스 콜 레이더가 사용자를 대상으로 적극적이고 상세하게 설명하도록 시도하고 있다. 예를 들어 인플루언서 A가 왜 검색 순위 1위이고, 인플루언서 B는 왜 2위인지를 설명해 검색 결과에 대한 '설명 가능성'을 갖춰 신뢰도를 높이려 하고 있다. 마케터가 콜 레이더에서 검색어 '스마트폰'을 입력하면 가장 먼저 뜨는 이름이 인플루언서 '린샹林襄'이다. 그렇다면 AI가 왜 그를 검색어 순위 1위에 올려놓았는지 궁금해질 것이다. 이때 AI는 그 옆에 '린샹이 스마트폰 경품 추천 이벤트를 개최한 적이 있기 때문입니다'라고 간단한 설명을 덧붙이고, 참고할 만한 사이트 주소를 첨부할 수 있다. 일부 마케터들은 대표에게 특정 인플루언서를 선택한 이유를 알려야 하는데, 이럴 경우 이 서비스가 그의 경험치를 상승시키고, 검색 결과에 대해 신뢰도도 높일 수 있다. 게다가 콜 레이더가 나를 대신해 일부 제안서의 내용을 작성해 주니 일거양득이 아닐 수 없다.

시장으로 눈을 돌려보면 빅테크 기업도 이 일을 추진하고 있다. 만약 마이크로소프트의 코파일럿에 명령을 내려 타이베이의 미쉐린 레스토랑을 찾아달라고 말하면, 결과만 제공하는 것이 아니라 웹사이트 주소까지 첨부해 주는 것을 볼 수 있다. 앞으로 'AI 설명 가능성'에 대한 연구가 나날이 많아지면서 유사한 검색 서비스도 점점 진화하고, 각종 응용 분야도 소비자의 경험과 신뢰를 높이기 위해 이 방면의 기술 연구와 응용에 적극 참여할 것으로 예측된다.

그러나 콜 레이더의 설명형 서비스 분야는 구글 및 기타 생성형 AI 검색 도구와 마찬가지로 여전히 시장을 모색하는 단계에 머물러 있다. 우리 역시 사용자가 정말 이런 서비스를 필요로 하고, 이 서비스가 성공적으로 자리 잡을 가능성이 높을지 무척 궁금하다. 솔직히 말해서 지금 우리는 여전히 확신이 서지 않는다. 이런 이유로 우리는 잰걸음으로 업그레이드 속도를 높여 시장에서 방법을 터득해 대응하는 방식을 고수하고 있다.

'AI 대뇌'를 중심으로 중앙 집중식 시스템 주방 만들기

콜 레이더뿐 아니라 급변하는 환경 속에서 아이카라는 모든 제품의 빠른 업그레이드를 지향한다. 우리는 2012년에 제품과 서비스를 개발했을 때 '폭포식 개발 방식'을 채택했다. 처음 시작 단계에서는 별다른 문제를 발견할 수 없었지만, 제품에 대한 고객의 요구사항이 많아지고, 아이카라의 제품 라인이 많아지면서 다양한 제품의 개발 방식이 각기 달라 혼선이 빚어지기 시작했다. 그래서 우리는 폭포식 개발Waterfall Model과 애자일 개발Agile Developmen*을 합친 혼합 방식을 채택했다.

그렇게 시간이 흘러 2023년이 가까워지면서 생성형 AI가 등장했고, 그 후 우리는 제품 개발을 위해 애자일 개발 방식을 전면 도입하는 동시에 조직의 운영 모델을 최대한 변경하고, 직원들의 업무 효율을 높이는 데 집중했다. 과거 아이카라의 AI 전문가는 각기 다른 제품 라인에 배치되었다. 그런데 나중에야 AI 기술과 해결 방안을 제공하는 공급업자에게 이런 운영 모델이 비효율적이라는 사실을 발견했다. 일부 제품과 서비스에 중복 개발이 발생했기 때문이다.

예를 들어 역사 데이터를 정리, 분석하는 AI 모델이 제품 A, 제품 B, 제품 C에 모두 탑재되어 있는데 서로 다른 팀에 분산 배치된 AI 전문가가 이 모델들을 중복 훈련, 조정하고 유지 관리하는, 완전히 불필요한 일을 하게 된 것이다.

이 문제를 해결하기 위해 우리는 데이터 파이프라인을 구축

• **폭포식 개발(Waterfall Model)과 애자일 개발(Agile Developmen)** : '폭포식 개발'은 순서를 강조하며, 수요 분석, 구조 설계, 실제 작동, 테스트 등의 단계를 거쳐야 한다. 이전 단계를 완성해야 비로소 다음 단계로 넘어갈 수 있다. '애자일 개발'은 빠르게 변화하는 수요에 대응하는 프로젝트 관리법으로 팀워크, 융통성, 작은 기능의 반복적 조정을 강조하고, 팀이 이전 단계의 피드백을 겨냥해 수정 작업을 진행하도록 한다.

해 데이터를 핵심으로 하는 'AI 대뇌'의 운영 모델을 도입했다. 앞서 말했던 것처럼 AI를 물과 전기처럼 사용하는 것도 필요하지만, 이보다 더 중요한 것은 우리가 모든 AI 전문가를 하나로 모아 팀을 구성하는 것이다. 이것은 마치 중앙 집중식 시스템 주방이 식재료를 일괄적으로 관리한 후 신선한 재료로 재빠르게 요리를 만들어 다음 단계로 넘기고, 유통기한이 지난 식자재는 폐기 처분하는 것과 흡사하다. 이런 식으로 AI 모델을 모든 제품의 중심으로 삼아, 각 모델이 도태되어 갱신이 필요하면 훈련 데이터를 추가하고, 유지 관리하는 표준화된 작업 프로세서를 갖추어야 한다(업계에서는 이것을 MLOps라고 부르며, 기계가 유지, 관리 및 운영을 학습한다). 그 목적은 모델의 업그레이드 속도를 지속적으로 단축하는 데 있다. 이전에 한두 달에 한 번 업데이트하던 것이 지금은 2주에 한 번으로 바뀌었고, 앞으로는 1주에 한 번으로 줄어들기를 기대한다.

특히 강조하고 싶은 점은 우리가 내부 회의에서조차 '애자일' 방식을 채택했다는 사실이다. 아이카라의 경영 팀은 마케팅, 제품개발, 기술, 영업, 재무 등 다양한 부서의 인력으로 구성되어 있고, 이들을 상대로 한 운영 모델로 스크럼Scrum 구조를 도입했다. 매일 15분간의 스탠드업 회의를 열고, 2주에 한 번 회의를 정리하고, 그런 뒤 다음 단계를 진행한다.

기업의 가장 귀한 자료는 AI에 대한
직원들의 피드백이다

한편 '시장을 통한 학습' 역시 필수 원칙이다. 창업한 지 10년
이 넘는 시간 동안 나는 B2B 소프트웨어 산업에 몸담으면서 사
용자의 피드백이 느리게 진행된다는 사실을 절감했다. B2B 소
프트웨어 제조업체는 일반 소비자와 대면하는 B2C 제조업체처
럼 매일 전화로 고객의 불만이 쏟아지고, 온라인에 부정적인 평
가가 올라오는 등의 즉각적인 피드백이 없다. B2B 회사가 피드
백을 얻고 싶으면 일반적으로 업무 때문에 방문한 고객에게 최
근 제품을 사용하는 데 무슨 문제가 없었는지 묻고, 문제가 되는
데이터를 수집해야 한다. 이렇다 보니 피드백의 속도가 느릴 수
밖에 없다.

예전에 제품 관리자에게 '현재 시장에서 원하는 것이 도대체
무엇인지'를 물으면 그들 대부분 명확한 대답을 하지 못했다. 그
때 돌아오는 대답은 대부분 '고객이 이런저런 것을 원한다'라는
정도에서 그쳤다. 나는 이런 대답이 전혀 논리적이지 않고, 대표
성도 없다고 생각한다. 사람들의 대답이 다 달랐기 때문이다. 그
래서 현재 우리는 데이터 파이프라인의 구축을 통해 콜 레이더
가 검색 결과를 사용자에게 제공하자마자 바로 사용자가 첫 번
째, 두 번째 인플루언서를 클릭했는지, 혹은 누구도 클릭하지 않

고 더 아래 순위로 내려가 다른 사람을 클릭했는지 관찰하기 시작했다.

만약 사용자가 5위, 6위에 오른 인플루언서를 클릭했다면, 이것은 이번 검색 결과가 좋지 않았다는 것을 의미한다. 이 피드백은 우리의 AI 대뇌로 회귀해 정확한 순위 결과를 제공하기 위한 참고 지표로 입력된다.

우리는 제품을 빠르게 업그레이드하는 것 외에도 데이터의 수집 빈도를 실시간으로 바꿨다. 예전에는 2주에 한 번 인플루언서 데이터베이스를 업데이트했다면 현재는 사용자의 단 한 번의 클릭만으로도 실시간 결과를 볼 수 있다.

AI 제품의 유지를 위해 가장 중요한 요소는 'AI에 대한 인간의 피드백 시스템'을 구축하는 것이다. 제품을 사용한 후에 나오는 이런 피드백은 모든 기업에게 가장 귀한 AI 훈련 데이터이며, B2B 혹은 B2C를 막론하고 모든 기업에 적용할 수 있다.

난공불락의 무공은 속도에 달렸다. 모든 사람이 균등하게 가지고 있는 이 '시간'이라는 자원은 가장 귀한 요소가 되었다. 앞으로는 잰걸음의 속전속결 전략으로 시도와 실패를 경험하며 시장을 통해 배우는 것이 바로 성공의 관건이 될 것이다.

CHAPTER 21

세상으로부터 배우는 경영의 원칙과 철학

AI의 거시적 발전 전략으로부터 볼 때 각국의 다양한 비즈니스 환경과 특징은 배울 가치가 충분하다. 다른 사람의 장점을 보고 배울 수 있다면 반드시 나름의 성과와 더불어 지속적 성장을 이룰 수 있다.

AI가 계속해서 빠르게 발전하는 상황에서 모든 기업의 리더들은 분명 자신에게 이런 질문을 할 것이다.

'어떻게 해야 앞으로도 계속해서 내 자리에 걸맞은 리더가 될 수 있을까? 어떤 방식으로 조직을 이끌어나가야 할까?'

기업의 리더들은 일반적으로 자신만의 경영 원칙과 철학을 가지고 있다. 그에 비하면 나는 대단한 CEO라고 감히 말할 수조차 없다. 그저 매일 아이카라를 잘 이끌어가기 위해 전전긍긍할 뿐이다. 비록 작은 회사를 경영하고 있을 뿐이지만 오랜 시간이 지나면서 나 역시 자신만의 경영 원칙과 철학을 갖게 되었다. 나는 이 책의 제한된 공간 안에서 중국, 미국, 일본의 AI 발전 현황에 대한 관점과 더불어 AI 시대에 발맞춰 진화된 개인적인 깨달음을 나누고 싶었다.

챗GPT의 등장으로 벌어진
중미 양국 간의 AI 발전 격차

지금까지 나는 특정한 학습 대상을 가지고 있지 않았다. 나의 접근 방식은 다양한 국가나 교류가 있었던 기업, 그리고 리더들로부터 배울만한 요소를 찾아내 모으는 것이었다. 예를 들어 나는 미국에서 '혁신'을 배웠고, 중국에서 '기업 문화'를 받아들였으며, 일본의 비즈니스 습관인 '엄격함'을 본받았다. 요컨대 다른 사람의 장점을 모두 배우기 위해 모든 방법을 총동원했다고 해도 무방하다.

챗GPT, 제미니와 미드저니 등 미국으로부터 온 생성형 AI 도구는 인간의 지성에 기반한 새로운 문명을 구축할 준비를 마친 듯했고, 미국의 강력한 혁신 능력을 상징하는 것처럼 보였다. 그러나 챗GPT가 공식적으로 출시되기 전까지 미·중 양국은 AI 발전 방면으로 진행 상황이 매우 비슷했을 뿐 아니라 양국의 연구 교류도 밀접하게 이루어졌다.

2020년을 전후해 중국이 발표한 AI 관련 논문의 수량과 품질, 인용된 횟수는 심지어 미국을 뛰어넘고 있었으며, 이것 역시 중국과 미국이 디커플링decoupling(탈동조화, 공급망 분리)을 선언했을 때 미국이 반도체 외에도 필요시 가장 먼저 수출을 봉쇄하는 전략적 우선순위 기술에 AI를 추가하게 된 이유이다.

사실 AI의 거시적 발전의 관점에서 보면 나라별 비즈니스 환경마다 배울만한 점과 고유한 특징이 있다는 것을 발견할 수 있다.

2022년 말이 되자 오픈AI가 돌연 전 세계를 놀라게 만든 챗GPT를 발표했고, 이것은 미·중 양국의 AI 발전 격차를 순식간에 벌려놓으며 미국이 중국보다 열 발자국을 앞서 걸어가게 만들었다. 사실상 미국은 가장 혁신에 걸맞은 국가이며, 매번 다른 나라가 따라잡으려 할 때마다 갑자기 속도를 내며 성큼성큼 발걸음을 옮긴다. 그래서 나는 '혁신은 미국으로부터 배워야 한다'고 말한다. 미국의 다양하고 개방적인 환경은 바로 이런 혁신을 키우는 중요한 인프라이다. 이와 비교해서 다른 나라는 미국을 따라잡으려면 한참 멀었다. 나는 핵융합, 양자컴퓨터 등 인류의 미래를 이끌어갈 진보된 문명의 건설과 관련된 핵심 기술은 여전히 미국이 주도적으로 혁신을 이끌어갈 것이라고 믿는다.

미국의 강점 : 비즈니스 인프라와
긍정적 사고를 키우는 교육 방식

그런데 미국에서는 왜 혁신적이고, 엄청난 영향력을 발휘하며, 지속적 경영이 가능한 기업과 그룹이 계속해서 등장하는 것일까? 나는 그 이유에 대해 크게 두 가지로 정리해 보았다.

첫째, 미국은 비즈니스 인프라가 완벽하고 견고하게 갖추어져 있다. 미국에서 하나의 뛰어난 혁신이 제안되면 각 방면의 전문가(예를 들어 영업, 마케팅, 공학, 법률 등)가 곧바로 한자리에 모여 함께 이 혁신을 통해 기업을 막강하게 발전시킨다. 비즈니스 인프라가 제대로 갖추어져 있지 않은 곳은 전문가의 분업이 충분히 이루어지지 않고, 기업의 리더가 알아서 자원을 찾는 것은 물론 모든 것을 직접 배워야 한다. 엔지니어 출신의 리더는 영업, 마케팅, 관리, 인사까지 모두 해야 하기 때문에 결국 동서양 기업 발전의 속도가 달라지는 결과를 초래할 수밖에 없다.

인터넷 산업을 예로 들면 구글 같은 기업은 창립 후 평균 6년의 시간이 지나면 상장이 가능하다. 그러나 똑같은 비즈니스 모델을 동양으로 옮겨오면 10년에서 12년 정도의 시간이 필요하다. 다시 말해서 거의 두 배의 시간이 걸려야 상장할 방도가 생기는 것이다. 이 시간의 간극은 창업자가 모든 것을 배우기 위해 더 많은 시간을 쏟아부어야 한다는 것을 의미한다.

둘째, 미국의 학습, 교육 방식은 그들의 강한 자신감의 근원이다. 이제까지 미국은 긍정적 사고를 장려해 왔다. 한 잔의 물이 '반이나 남아 있는지' 아니면 '반밖에 안 남아 있는지'를 알아보는 유도 질문에서 미국인들의 절반이 '반이나 남아 있다'고 대답했다. 어린아이가 엉망진창으로 그림을 그려도 교사는 늘 "와! 넌 미래의 피카소나 다빈치가 분명해."라고 말해준다.

반면에 동양인은 99점을 받아가면 집에서 "1점만 더 받으면 얼마나 좋았어? 반에 100점 맞은 애가 있니? 넌 왜 이렇게 덤벙대니?"라고 말한다. 이런 상황에서 동양의 전통 교육은 아이들의 자신감을 무너뜨린다.

사실 사람의 능력과 특성에는 인종적 차이가 없다. 전체적으로 볼 때 모두 종 모양의 곡선으로 분포되어 있고, 대부분은 종 모양의 중간에 있다. 그런데 왜 결과적으로 모든 사람의 성취도는 다소 차이를 보이는 것일까? 관건은 바로 '교육과 그에 따른 자신감'이다. 모두가 어떤 문제를 인식할 수 있지만, 자신감이 있는 사람은 가장 먼저 그 문제를 제기하고, 그 안에서 가능성을 발견하고, 그것을 어떻게 해결해야 할지 연구한 후 사업으로까지 연결하며 규모를 확장할 줄 안다.

중국의 강점 : 강한 야망과 빠른 통합 능력

그렇다면 지리적 관점에서 무시할 수 없는 존재인 중국을 상대로 우리는 무엇을 배울 수 있을까? 나는 '야망'이라고 본다.

만약 미국이 혁신을 선도하는 나라라면 중국 대륙은 바로 초고속으로 따라잡는 존재이며, 선진 기술을 상업적으로 응용, 통합하는 역할을 하고자 한다. 그리고 그 결과 미국보다 훨씬 더 좋은 성과를 거두었다. 중국 대륙에서는 비약적 혁신이 비교적 적은 편이지만, 일단 외부 혁신이 이루어지면 그것을 발판 삼아 최적화와 통합을 추가해 응용 방면으로 발 빠르게 시나리오를 구현하고, 이를 통해 상업적인 경쟁 우위를 선점한다.

중국 대륙의 음식점에 들어가면 첨단 자동화 시스템에 놀라움과 충격을 받을지 모른다. 훠궈火鍋를 주문하면 처음부터 끝까지 모든 것이 기계로 작동하는 자동 트랙을 통해 전달되며, 때로는 로봇이 음식점 안을 돌아다닌다. 영업장의 자동화 수준이 심지어 일본보다 더 높다. 게다가 중국의 전자결제 시스템인 알리페이, 위챗페이 등도 미국, 일본, 대만보다 훨씬 앞서 있다.

누군가는 중국 대륙이 이런 성과를 거둔 이유 중 하나가 강력한 '야망'이라고 말한다. 그러나 우리가 그것보다 더 자주 듣는 말은 바로 '늑대 같은 성향', 즉 목표를 향해 공격적이면서도 집요하게 파고드는 태도가 아닐까 싶다. 중국 대륙의 빠른 속도와

치열한 경쟁 속에서 살아남기 위해서는 생각이 떠오르자마자 행동으로 옮겨야 한다. 때론 그들의 홍보와 개방성은 수단과 방법을 가리지 않는다는 느낌을 주기도 하지만, 우리는 그들의 그런 발 빠른 움직임을 배워야 한다.

일본의 강점 : 엄격하고 신중한 일 처리

일본의 경우 우리가 본받을 수 있는 것은 바로 '엄격함'이다. 현재 일본은 40년간 이어진 경제 침체에서 서서히 벗어나고 있고, AI 시대의 도래와 함께 그들에게도 서광이 비치고 있다. 일본은 인구 노화, 인재 유출 문제에 직면해 있지만, 로봇과 로봇팔 분야의 강국답게 관련 특허를 가장 많이 보유하고 있고, 이것이 산업과 상업 분야에서 새로운 기회를 가져다줄 수 있다. 그러나 일본은 발전 전략을 세울 때 전체 사회의 진행 과정을 동시에 고려하며 자신의 엄격한 리듬에 맞춰 세계에 적응할 것이다. 어떤 사람은 일본인들이 '느리다'고 말하고, 또 어떤 사람은 그들이 '안정적'이라고 말한다. 즉, 이런 생각은 당신이 어떤 관점과 철학을 가지고 그들을 바라보느냐에 따라 달라진다.

나의 어머니는 어릴 때부터 자식들에게 일본식 교육을 하셨고, 매사 절제를 강조하고, 높은 책임감과 완벽함 그리고 과묵함을 요구했다. 심지어 거의 사소한 것에까지 그런 요구에 집착할 정도였다. 어릴 때 해외로 가족 여행을 가기 전에 어머니는 준비 목록을 작성하고 세 번이나 꼼꼼하게 점검하며 항목마다 체크 표시를 했다. 그래서 우리는 해외로 나가면 갑자기 필요해져서 물건을 사는 경우가 거의 없었다. 나 역시 이런 교육을 받고 자란 탓에 엄격한 일 처리 방식을 중요하게 생각하게 되었고, 작업 중에 사소한 실수조차도 용납이 되지 않았다.

그래서 나는 동료의 문서와 프레젠테이션 자료를 수정하는 데 많은 시간을 쓰기도 하는데, 이런 일을 직접 하는 CEO는 아마도 이 세상에 그리 많지 않을 듯싶다.

문서를 수정할 때 나는 나만의 서사 구조에 따라 수정을 할 뿐 아니라 다른 세부 사항에도 주의를 기울인다. 예를 들어 글꼴 크기를 일치시키고, 영어와 중국어의 글자 간격에도 신경을 쓴다. 솔직히 나는 이런 일에 너무 많은 시간을 할애하고 있고, 시간을 더 효율적으로 써야 한다는 것도 잘 알고 있다. 그러나 나의 이런 노력 끝에 직원들의 변화도 눈에 띄었다. 때때로 직원들은 내가 매달 직원들에게 보내는 수십 페이지 분량의 메모와 회의록을 인쇄해 핵심 사항을 하나하나 체크하는데, 이것은 그들이 내가 지금 관심을 두는 모든 일을 깊이 이해하고 있다는 것을 의미한다. 이처럼 어느 정도의 '엄격함'을 업무에 구현하면 의사소통 과정에서 생기는 많은 갈등을 줄일 수 있다.

다른 한편으로 지난 몇 년 동안 일본 사람들과 사업을 진행하는 과정에서 나는 일본인이 기술 사양, 사업 관행 면에서 자신만의 방식을 가지고 있다는 것을 알게 되었다. 그들은 한 걸음씩 안정적으로 진행되는 길을 선택하지만, 일단 사다리에 올라타는 그 순간부터 온 마음을 다 쏟아붓고 전념하며 절대 다시 내려오지 않는다. 이것이 바로 일본 사회의 발전을 이끌어온 모델이다. 일본은 전 세계의 로봇과 기계 기술 분야의 강국이고, 디지털 혁신을 적극적으로 진행하고 있기 때문에 현지 산업을 업그레이드하기 위해 더 많은 소프트웨어 해결 방안의 지원이 필요하다.

기업 리더로서 모든 국가와 기업, 리더의 장점을 보고 배운다면 누구나 얻는 것이 있고, 지속적인 성장을 이어나갈 수 있다. 그리고 이것은 AI 시대에도 변하지 않을 성장과 발전의 원칙이다.

마무리 핵심 포인트

미래에 AI가 없는 회사는 물과 전기가 없는 것과 같으니 운영이 어려워진다. 그러나 AI를 도입하기 전에 먼저 기업 내부의 '데이터 파이프라인'을 구축해야 한다. 즉, 먼저 사방에 흩어져 있는 데이터를 집중 관리해야 비로소 즉각적인 전투력을 효율적으로 발휘할 수 있다.

디지털 시대가 도래하면서 산업과 운영 모델의 경계가 점차 무너지고 있고, D2C 기업의 경우 AI의 도입은 선두 자리를 지키는 요소 중 하나가 되었다.

디지털 비즈니스의 핵심은 '승자 독식'이다. 당신이 시장의 수요 경제를 장악하고, 혁신의 규모를 확장하지 않는다면 AI를 통해 새로운 가치를 창출할 수 없다.

갈수록 많은 기업이 생성형 AI의 장점에 주목하며 내부 데이터를 적극적으로 정리하고 있다. 그러나 데이터베이스를 구축하는 것만으로는 부족하다. 핵심은 생성형 AI의 '이해 능력'을 발전시켜 제품과 비즈니스 모델 및 내부 결정에 어떻게 활용할 수 있을지를 고민해야 비로소 효율적인 활용이 가능해진다.

지금까지 AI는 데이터로 구동되는 기술로 발전했고, 데이터가 없으면 AI도 없다. 또한 '정보 보안'을 간과해서는 안 된다. 이 모든 것은 기업 리더들이 AI의 도입을 위해 반드시 머릿속에 넣어야 할 전략적 사고라고 할 수 있다.

현재와 미래

AI 기술의 이해는
현재 진행형이다

CHAPTER 22

AI 로봇과 AI 의료시대가 도래하다

인력난의 해결과 질병 치료는 물론, 생산 효율성의 제고까지 인류가 오랫동안 해결하기 어려웠던 문제들이 다방면에 걸친 AI의 비약적 발전과 더불어 즉각적이고 중대한 변화를 맞이할 것이다.

미래에 훨씬 더 강력해질 AI를 상대로 인류만이 가진 장점에 대해 말하자면 아마도 적극적이고 능동적인 태도가 아닐까 싶다.

2023년은 내가 20년 전에 AI 영역에 처음 발을 들여놓은 이후로 AI 정보를 가장 많이 흡수한 해였다. 이 한 해 동안의 정보량은 아마도 지난 19년 동안 축적해 왔던 것보다 훨씬 많았을 것이다. 예전에는 매달 아이카라 직원들에게 보내는 회사 내부 메모도 많아야 10페이지 정도였다. 그런데 생성형 AI가 등장한 후부터 매달 보내는 내용이 50페이지, 4만 자가 넘는다. 이것은 모두 AI에 대한 나의 실제 경험 정리와 최근 발전 및 미래 동향 예측에 관한 내용이다.

AI 비서가 어디에나 존재하게 될 것이다

내 노트에는 AI가 30개의 주제로 분류되어 있다. 게임, 의료, 건축, 교육, 로봇 등 각종 산업에서 응용되는 파트와 정보 보안, 법규, 뉴로모픽 칩, AI와 양자컴퓨터의 결합 등도 포함되어 있다. 그중 내가 특히 관심을 두는 분야는 스마트 비서, 로봇, 신약 연구 개발과 의료 분야이다. 내가 보기에 AI는 이런 분야를 중심으로 즉각적이고 중대한 변화를 가져올 것이다.

우선 챗GPT는 이미 자연어로 인간과 상호작용이 가능하다는 것을 입증했다. 그러므로 인간과 소프트웨어의 협업에서 점점 더 자연스럽게 더 많은 음성으로 상호작용할 가능성이 크다. 스프레드시트를 다루든, 정보를 검색하든, 한 단락의 문장을 작성하든 음성 인식은 직접 글자를 입력하는 것보다 작업 속도를 훨씬 더 높일 수 있다.

사실 많은 사람이 스프레드시트를 사용하는 것을 번거롭게 생각한다. 나도 매일 스프레드시트를 쓰고 있지만 어쨌든 자르고, 붙이고, 복사하는 과정의 연속이다. 하나의 스프레드시트로 문제를 해결할 수 없다면 두 개의 스프레드시트를 사용해 해결해야 하고, 이런 작업은 이미 일상이 되었다. 그러나 앞으로 이런 스프레드시트가 자동화되면 작업자는 말을 하는 것만으로도 작업을 완료할 수 있다. 간단한 명령만 내리면 AI가 임무를 완성해 주고, 예전처럼 학습 난도가 높지 않아 사용하기도 쉬우며, 궁금한 게 있으면 스프레드시트의 AI 비서에게 물어볼 수 있다.

요즘 들어 많은 대형 제조업체가 생성형 AI 비서를 앞다투어 생산력 도구에 배치하고 있다. 예를 들어 구글 워크스페이스와 마이크로소프트의 오피스 운영 시스템은 모두 글쓰기, 공식 만들기 등의 작업을 할 때 언제라도 도움을 줄 수 있는 AI 비서를 제공한다. 이런 AI 비서는 다양한 선택지를 제공하며, 작업자는 단 한 번의 클릭으로 간단한 작업을 완료할 수 있다. 예전에 마이크로소프트 오피스의 클립 모양 어시스턴트가 있었다. 이것은 그 시대를 대표하는 혁신이었지만 사용하기 쉽지 않은 비서였다. 그것이 지금 AI 비서로 완벽하게 진화한 거라고 보면 된다.

스마트 비서를 더 똑똑하게 만든
챗GPT, 생성형 AI

이 외에도 음성 인식 기술의 진화는 '스마트 비서'의 더 방대해

진 비즈니스 기회를 즉각적으로 창출해 냈다

스마트폰을 사용하다 보면 누구나 '휴대폰의 스마트 비서 기능은 멍청하고 재미가 없어'라고 생각할 때가 분명 있을 것이다. 애플의 시리Siri, 구글의 어시스턴트, 아마존의 알렉사 등 생성형 AI가 등장하기 전에 시장에 출시된 스마트 비서는 해결할 수 있는 일이 매우 제한적이었다.

예를 들어 내가 구글 어시스턴트를 열고 '넌 뭘 할 수 있어?'라고 물었을 때 그 답변은 '전등을 켜달라고 말해보세요'였다. 그 순간 나는 전등을 켜라는 말이 무척 뜬금없이 들렸다. 당시 스마트 가전제품을 나의 휴대폰과 연동시킨 적이 없기 때문에 더 황당했는지도 모르겠다.

이런 식의 엉뚱한 대화 경험은 한 번으로 충분하고, 계속 반복되면 우리는 스마트폰 어시스턴트에 대한 신뢰를 잃어버릴 수밖에 없다.

가장 인상 깊었던 일은 딸을 데리고 차를 운전해 식당으로 가던 길에 일어났다. 딸이 계속 심심하다고 하기에 나는 구글 어시스턴트에게 재밌는 이야기를 해달라고 했고, 다행히 딸은 그 이야기를 들을 때마다 깔깔대며 웃어댔다. 그런데 구글은 대략 열 개 정도의 농담을 연속으로 들려주더니 돌연 같은 말을 반복하기 시작했다. 그래도 딸아이가 계속 재밌어하니 참고 들어줄 수밖에 없었다(사실 나는 구글 어시스턴트가 단지 열 개의 농담을 할 줄 아는 것보다 이런 상태에 아랑곳하지 않는 아이의 모습이 더 놀라웠다). 하지만 나는 시간이 흐를수록 인내심이 한계에 도달했다. 그러다 문득 스마트 어시스턴트가 여전히 별다른 발전을 이루지 못했다는 사실을 새삼 깨달았다.

> '뭐지? 스마트 어시스턴트가 정보 검색, 길 안내, 쇼핑, 음악 재생을 도와준다고 하지 않았나?'

그러나 이 모든 것은 '있으면 좋은 nice to have' 기능일 뿐이었다. 당신은 스마트 어시스턴트와 대화하지 않고도 이런 일을 빠르게 해낼 수 있다. 당신이 음악을 듣고 싶으면 휴대폰 앱을 열거나 기기에 연결하면 된다. 굳이 스마트 어시스턴트와의 대화를 통해 음악을 들을 필요가 없다.

게다가 휴대폰에 대고 말을 하기에 적합한 장소가 그리 많은 것도 아니다. 예를 들어 회의할 때 스마트 어시스턴트를 호출한다면 그곳에 있는 사람들이 당혹스러워할 수 있고, 대중교통을 이용할 때도 마찬가지다. 또한 스마트 어시스턴트는 인간적이지 않고, 아직까지 충분히 똑똑하지 않기 때문에 막힘없이 대화하고, 완벽하게 이해하는 데 한계가 있다. 그래서 빅테크 기업들은 이런 문제를 해결하기 위해 거액의 비용을 투자하고 있다.

그러나 오픈AI가 챗GPT와 생성형 AI의 등장을 선언하면서 그들은 사람들이 AI와 대화하기를 원하고 AI도 응답할 능력을 가지고 있다는 사실을 알게 되었고, 기존의 대형 언어 모델이 바로 스마트 어시스턴트의 해답이라는 것을 깨달았다. 물론 이것만으로는 오픈AI의 독주체계를 만들 수 없었다. 그래서 오픈AI는 챗GPT를 출시한 후 얼마 되지 않아 음성을 텍스트로 전환하는 기술인 위스퍼Whisper API를 전면 오픈해 스마트 어시스턴트 시장이 AI 생태계를 집어삼키기 위한 목표를 곧바로 제시했다.

스웨덴 온라인 과학 기술 금융회사 클라나Klarna(Klarna Bank AB)는 '선구매, 후지불Buy Now, Pay Later'이 가능한 소액 모바일 결제 서비스를 제공하는 것으로 유명하다. 그들은 생성형 AI의 강력한 대화 능력이 '고객 서비스' 분야에서 엄청난 잠재능력을 지닌 것을 보고 곧바로 오픈AI와 손잡고 온라인 고객 서비스를 새로운 차원으로 끌어들였다.

클라나가 2024년 2월 말에 발표한 자료에 따르면 오픈AI 기술과 합작한 온라인 고객 서비스 로봇을 한 달 동안 도입한 후 AI가 처리한 고객 서비스 대화 건수는 이미 회사 전체의 3분의 2를 차지했고, 이 횟수는 무려 230만 번에 달했다. 이 작업량은 700명의 고객 서비스 담당자가 한 달 동안 처리해야 하는 분량과 맞먹는다.

이뿐 아니라 업무 처리 효율도 현저히 높아졌다. 고객 서비스 직원이 평균 11분을 들여 고객의 문제를 해결한다면, AI는 평균 2분이면 충분할 뿐 아니라 반복되는 질문의 횟수도 25퍼센트나 대폭 감소시켰다. 전반적인 효과 면에서 계산해 보면 매년 4천만 달러의 추가 이윤을 창출하며 경영 효율성을 크게 향상했다.

또한 앞으로 여러 기업이 스마트 어시스턴트의 업그레이드 속도를 가속화해 그것이 사용자의 의도를 보다 명확하게 이해하고, 유용한 대화와 상호작용을 하며 협조할 것으로 보인다. 또한 여러 소비성 전자 브랜드도 앞다투어 AI 휴대폰, AI PC에 AI 어시스턴트를 도입해 음성의 텍스트 전환, 실시간 번역 등 다양한 응용 프로그램을 출시할 것으로 전망된다. AI가 마침내 이름에 걸맞은 유능한 비서가 될 날도 머지않은 듯하다.

더 많은 로봇과 함께하게 될 일상

그렇다면 지금까지 모두가 꿈꿔왔던 로봇, 예를 들어 인력난을 해소하고 심지어 인간의 파트너가 될 수 있는 로봇은 언제쯤 가능할까?

2024년 3월 온 세계의 이목이 집중된 GTC GPU Technology Conference에서 엔비디아NVIDIA의 CEO 젠슨 황Jensen Huang은 보급형 파운데이션 AI 모델 프로젝트 그루트Project GROOT의 출시를 발표했고, 그 자리에서 자연어를 이해하고, 인간의 동작을 모방하는 귀여운 휴머노이드 로봇들의 행렬을 선보여 시선을 사로잡았다.

테슬라는 이미 2023년에 X에 2세대 휴머노이드 로봇 옵티머스 젠2^{Optimus Gen2}의 홍보 동영상을 공개했다. 영상 속에서 옵티머스 젠2는 걷고, 스쿼트를 하고, 달걀을 집어 올리는 등의 동작을 보여주었는데, 그 일련의 동작은 정확했을 뿐 아니라 달걀을 떨어뜨리거나 깨뜨리지 않을 정도로 섬세했다. 로봇 안에 수백 수천 개의 센서가 장착되어 정밀한 동작을 만들어 낸 결과였다. 과거에는 이런 결과물을 만들어 내기가 쉽지 않았지만, 테슬라는 이미 데모^{demo}를 만들어 이 일이 가능해졌다는 것을 만천하에 알렸다.

로봇이 어떤 동작, 예를 들어 손가락을 구부려 물건을 집어 올리는 등의 동작을 하려면 상당히 긴 시간과 노력이 필요했다. 즉, 그 동작을 하나하나 나눠서 훈련하고, 훈련이 끝난 후에 그 모든 동작을 하나로 합치는 과정이 이어져야 한다. 스탠퍼드대학 컴퓨터공학과 리페이페이李飛飛 교수는 인간이 할 수 있는 모든 동작을 1만여 개로 쪼갰다고 말했다. 2023년 3월 그녀가 대만에 왔을 때 나에게 로봇이 이미 3천여 개의 동작을 처리할 수 있다고 말했으니, 지금은 더 큰 발전을 하지 않았을까 싶다. 그러나 다양한 동작을 할 줄 안다고 해도 그것을 '통합'할 수 있어야 하고, 그것은 로봇이 얼마나 많은 일을 해낼 수 있는지를 결정하는 관건이 된다. 가장 먼저 커피를 만드는 로봇부터 시작했던 것도 업무 동작이 단지 10여 종밖에 되지 않아 상대적으로 통합하기 쉽기 때문이었다.

앞으로 커피를 끓이거나 달걀을 깰 수 있는 로봇을 카페에 배치하거나, 미세한 동작이 비교적 적은 헬스 케어 영역에 응용해 인력 부족 문제를 해결하는 방식의 활용이 가능할 것이다.

예를 들어 데이터와 컴퓨터의 시각적 인식 기능을 통해 환자의 체중, 체형을 파악하고, 로봇이 환자의 누워있는 자세를 측정하고, 환자의 몸을 뒤집기 위해 어느 정도의 힘을 사용해야 하는지 정확히 계산한다.

다만 임무 지향적 로봇을 상대로 입력되지 않은 일을 요구하면 실수가 발생할 수 있다는 것을 염두에 두어야 한다. 사실 이런 문제는 생산 라인의 로봇과 다르지 않다. 특정 장소에 배치된 로봇 팔은 나사를 1mm 오차도 없이 정확한 위치에 넣고 돌려 고정한다. 그렇다고 해서 이 로봇 팔이 아무 장소에서나 구멍을 찾아다니며 나사를 돌려주지는 못한다.

현재까지 단일 임무 지향적인 로봇을 가장 빠르게 실용화시키고 있는 나라는 단연코 일본과 한국이다. 일본은 카페에 생성형 AI 로봇을 도입하기 시작했고, 한국은 로봇 팔을 이용해 커피를 만들 뿐 아니라 기술과 디지털 관련 행사장에서 현장 안내 로봇으로 적극 활용하고 있다. 현장 안내 로봇은 관람객을 안내하기도 하고, 로봇에게 물건이 어디에 있는지 말해주고 그것을 가져오도록 지시한다. 이런 상호작용은 단순히 인간의 지시에만 따르는 것이 아니라 자연어로 직접 로봇과 상호작용하며 임무를 완성하는 방식이다.

알파폴드가 이끄는 생명과학 혁신과
신약 개발의 가속화

스마트 어시스턴트와 로봇 외에도 내가 특별히 관심을 기울이는 분야가 바로 신약 연구 개발과 의료 기술의 발전이다.

AI는 자신이 과학연구의 방식을 바꿀 수 있다는 것을 이미 스스로 증명해 보였다. 2018년 구글 딥마인드 DeepMind는 단백질 구조를 예측할 수 있는 모델 알파폴드 AlphaFold를 최초로 출시했고, 지속적으로 업데이트를 진행해 연구 인력이 이제까지 이미 알려진 서열 데이터로부터 단백질 구조를 예측할 수 있도록 했다.

과거 화학 및 의료계의 골칫거리 중 하나는 실제로 활용할 수 있는 단백질 주름 구조를 찾는 것이었다. 단백질은 다양한 형태로 접히면서 그 모양에 따라 기능이 달라지고, 그것이 특정 세포와 결합하면 치료 효과를 보이거나 독성을 만들어 낼 수 있다. 지금까지 인류는 한 번에 너무 많은 단백질 구조를 예측할 수 없어서 반드시 컴퓨터 모델링에 의지해야 했다.

문제는 AI가 등장하기 전까지 컴퓨터 모델링이 너무 조잡해서 대부분 3D 설계를 활용해 가능 여부를 실험해야 했다는 것이다. 그 결과 인류는 40여 년의 시간을 들여서야 비로소 20여만 종의 응용 가능한 단백질 구조를 찾아낼 수 있었다.

알파폴드의 등장은 생명과학 분야의 모든 연구에 혁신의 바람을 불러일으켰다. 알파폴드는 AI를 활용해 3개월 안에 2억 개의 단백질 구조를 직접 찾아냈고, 그 수는 계속해서 증가하는 중이다. 20만에서 2억으로의 증가는 1,000배의 증가량이다. 물론 이런 단백질 구조들이 모든 문제를 다 해결할 수 있다는 의미는 아니다. 다만 과학자들은 그 속에서 신약을 연구, 개발하여 단백질을 뽑아낼 수 있고, 이를 통해 첫 번째 절차에 쏟아부어야 하는 시간을 크게 단축할 수 있다.

현재 연구진은 공개된 데이터베이스로부터 보물을 발굴하는 일에 주력하고 있다. 예전에는 금광이 어디 있는지조차 몰랐다면, 알파폴드는 누구보다 먼저 금광을 찾아줄 수 있다. 그리고 당신이 그 금광을 파 들어가면 그 안에서 반드시 무언가를 찾아낼 수 있다. 나는 이것이 과학연구의 방식을 바꾸는 AI의 대표적인 성공 사례라고 생각한다.

우리는 이론을 제기하고, 실험하고, 옳고 그름을 판단하기 위한 테스트로 이어지는 기존 방식에서 벗어났다. 현재는 활용 가능한 단백질을 알게 됐으니 그 속에서 보물을 찾으면 된다. 다시 말해서 '맨땅에 헤딩'이 아닌 '끝을 염두에 두고 시작하는' 연구 방식인 셈이다.

인류가 신약을 연구, 개발하는 과정은 이제까지 완만한 속도를 그리며 진행되었다. 일반적으로 백신과 신약이 시장에 출시되려면 FDA 승인을 받아야 하는데 그 기간이 10년, 20년 이상이 걸린다(코로나19 백신은 특수 상황으로 예외 처리되었다). 그러나 알파폴드의 사례처럼 AI가 끝을 염두에 두고 시작하면 결국 '신약 연구 개발'의 속도는 높아질 것이다.

'끝을 염두에 두고 시작'하는 이런 방식은 소프트웨어 개발이나 칩 설계에 적용될 수 있다. AI는 인간이 프로그래밍하거나 코드를 작성할 때 스스로 이해하기 쉽게 만들기 위해 많은 불필요한 메커니즘을 설계한다는 사실을 발견했다. 그러나 AI는 이런 불필요한 것들을 스스로 찾아내 제거할 수 있다. 하드웨어 분야에서 IC 설계의 관건은 전자 회로판의 배치에 달렸고, 인간은 이 칩의 경로를 설계할 때 반복적으로 시도하고 오류를 통해 수정하는 방식을 채택한다. 반면에 AI는 이런 시행착오의 속도가 매우 빠를 뿐 아니라 스스로 수술을 감행해 칩 안의 불필요한 것을 제거해 버릴 수 있다. 현재 일부 새로운 칩 안의 특정 구조는 이미 AI 설계를 거친 것도 있다.

구글, 마이크로소프트의 '정밀 의료' 투자 경쟁

결국 내가 가장 기대하는 것은 'AI와 의료 영역의 시너지 효과'이다.

현재 의사들은 모두 '경험 법칙'에 의존해 진료를 보고 진단하기 때문에 하루에 일이백 명의 환자를 진료하는 것도 가능하다. 의사들은 눈앞에 있는 환자의 병력, 증상 그리고 자신의 경험을 토대로 가장 문제가 될 만한 것이 무엇인지 추측하고 빠르게 진단을 내릴 수 있다. 이것은 '통계 추리'에 근거한 판단 방식이다. 그러나 때로는 남들은 A 약을 복용해도 괜찮은데, 당신은 체질이 달라 그 약을 먹으면 부작용이 생기는 경우도 있다. 지금의 의료 자원과 기술은 아직 고도의 의료 개인화와 세분화, 맞춤화 수준에 도달하지 못했지만, AI는 이것을 점차 현실화시킬 가능성을 제공할 수 있다.

'정밀 의료'는 '집단 빅데이터'로 진료를 보던 방식을 '개인 빅데이터'로 전환하기 위해 오래전부터 논의되어 왔다. 환자별 심전도, 유전자, 생명 신호는 개인의 건강 이력의 빅데이터이고, AI는 이런 빅데이터를 학습하고 이해하며, 더 나아가 전혀 관련이 없어 보이는 두 가지 요소를 연결해 인체와 질병 사이의 인과관계를 찾아 진단한다.

AI가 '인과 관계를 찾는 것'은 의료 영역에서 해결해야 할 큰 과제이다. 과거에는 '전문가 시스템'의 규칙 기반 AI를 사용해 이 문제를 해결하려고 했지만 별다른 효과를 보지 못했다. 이제 구글, 마이크로소프트 등 빅테크의 양대 산맥이 모두 정밀 의학에 대해 긍정적인 태도를 보이고 있다. 인체와 관련된 의료 영역이야말로 엄청난 상업적 가치를 지니고 있기 때문이다.

인력 부족 문제의 해결, 질병 치료, 생산효율의 향상 등 오랫동안 인류가 해결하지 못했던 문제들이 스마트 어시스턴트, 로봇, 신약 개발, 칩 설계와 의료 분야에서 대약진 중인 AI의 활약 덕에 머지않아 해결의 실마리를 찾게 될지도 모른다.

CHAPTER 23

'간결할수록 좋은' AI 설계

사용자들은 일반적으로 단순하고 깔끔한 디자인을 선호한다.

구글, 애플의 제품은 모두 '간결할수록 좋은' 이 원칙을 고수하고

있다.

인간과 AI의 협력 시대로 들어선 후에도 이 덜어냄의 미학은 똑같

이 적용되고 있고, 심리학, 인지과학, 신경학과 산업 디자인이 앞

으로 더 주목받을 것이다.

2014년 개봉한 영화 〈이미테이션 게임 The Imitation Game〉은
영국의 수학자 앨런 튜링이 제2차 세계대전 중에 연합군을 도와
나치 독일군의 암호를 푸는 내용이다. 실화를 바탕으로 한 이 영
화는 흥행에 성공했을 뿐 아니라 아카데미 시상식에서 여덟 개
부문에 후보로 올랐고, 최종적으로 '최우수 각색상'의 영광을 안

았다. 그중 영화 제목인 '이미테이션 게임'은 AI를 위해 특별히 설계된 '튜링 테스트Turing Test'를 가리킨다. 만약 인간이 AI와 대화할 때 그것이 AI인지 알아채지 못한다면 그 AI는 튜링 테스트를 통과하고, 지능을 갖춘 AI로 인정받는다.

AI를 이해할수록 더 나은 사용 경험이 가능하다

전문가들은 'AI가 도대체 얼마나 인간과 비슷하고, 지능 수준은 얼마나 높은지' 확인하기 위해 원래 인간에게 하던 심리학 테스트를 AI에게 적용하기 시작했다. 그리고 이 심리학 실험은 이미 새로운 튜링 테스트로 자리 잡고 있다. 또한 이것은 '인간과 기계의 협력'이 '인간과 AI의 협력'이라는 새로운 단계로 진입하고 있다는 것을 보여준다.

인간과 기계의 협력은 새로운 개념이 아니다. 생산라인 자체가 이미 인간과 기계의 협력의 장이고, 특히 조립라인의 작업 과정을 보면 기계가 먼저 자재나 부품을 선택하고 분류해 작업장으로 보내면, 기계가 조립할 수 없는 부분을 사람이 책임지고 완성한다. 이런 식으로 인간과 기계가 각자의 자리에서 맡은 역할을 처리하며 제품을 만들어 낸다.

생성형 AI가 등장하면서 사람과의 상호작용, 자연스러운 대화와 소통이 가능해졌고, AI는 더 이상 일방적으로 지시를 받고, 정해진 대답만 하는 것에서 벗어나 인간과 실제로 협력하는 등 경험의 차원을 확장하고 있다. 인간은 자연어로 AI와 대화를 나누고 상호작용할 때 자연스럽게 로봇을 의인화하고 자신의 감정을 이입할 수 있고, 혹은 그것이 '인간적'인 면을 보여줘야 한다고 생각할지 모른다.

문제는 인간과 기계의 협력이 이루어질 때도 '인간화'의 이슈는 등장한 적이 없었다. 과거에는 컴퓨터, 로봇이 보조 수단에 지나지 않았고, 오피스 작업 시스템, 포토샵Photoshop, CAD Computer-Aided Design 등 보조 소프트웨어를 일방적으로 사용하는 것이 소위 말하는 '인간과 기계의 협력'이라고 여겼다. 그래서 인간과 기계의 협력을 인간과 AI의 협력 차원으로 발전시킬 때 기존의 심리학, 인지과학, 신경과학 분야에 새로운 과학 연구방향이 등장했고, 그것이 바로 'AI'이다.

AI를 이해하려고 노력해야만 비로소 인간이 AI와 협력하는 과정에서 더 나은 사용자 경험을 얻을 수 있으며, 더 나아가 작업의 흐름을 원활하게 만들 수도 있다. 그러나 솔직히 말해서 더 나은 사용자 경험을 만들어 내는 것은 결코 쉬운 일이 아니다. 단지 스마트폰, 포토샵 등 소프트웨어와 하드웨어 설계만 놓고 봐도 사용자 경험은 모두 깊이 있는 연구와 다양한 방면의 접근이 필요한 복잡한 과제이다.

'간결할수록 좋은' 원칙의 고수

일반적으로 사용자는 단순하고 산뜻한 디자인을 선호한다. 이것을 증명이라도 하듯 '간결할수록 좋은'이라는 원칙은 구글, 애플 등 빅테크 기업이 창립 이래 사활을 걸고 실천하고 있는 가치이기도 하다.

구글은 설립 후 26년의 세월이 흐르는 동안 '검색'이라는 하나의 프레임만 고수하며 첫 화면부터 깔끔한 이미지를 고수하고 불필요한 것들을 배제했다. 구글은 복잡한 모든 사항을 우리가 볼 수 없는 화면 뒤에 배치했다. 애플의 휴대용 미디어 플레이어 아이팟iPod(이것을 기억하는 사람이 아직도 있을까?)은 원래 버튼이 있었다. 그 후 엔지니어는 아이폰을 디자인할 때도 아이팟과 동일하게 버튼식 작동을 고려했다. 그러나 스티브 잡스가 버튼 없는 디자인을 고수하면서 그도 어쩔 수 없이 터치패널을 사용해야 했고, 소프트웨어와 하드웨어의 발전을 최대한 적용해 문제를 해결했다.

구글과 애플의 사례에서 볼 수 있듯이 미니멀리즘을 디자인과 기술에 적용하는 일은 결코 쉬운 일이 아니다. 하지만, 사용자에게는 아주 좋은 경험을 제공할 수 있다. 인간과 AI가 협력하는 시대로 진입하면서 사람들은 사용자 경험을 요구하게 될 것이고, 간결할수록 좋은 원칙은 여기에서도 똑같이 적용된다.

가상의 영역으로 확대해 보면 우리가 접하는 챗GPT, 제미니, 코파일럿의 성능은 매우 뛰어나고, UI도 직관적이어서 대화를 나누고 싶으면 바로 사용할 수 있다.

그런데 당신이 그중 일부의 기능만 빼서 사용하고 싶을 때 작업 프로세서에 어떻게 입력을 해야 직원의 생산력을 높일 수 있을까? 그리고 만약 챗GPT에게 원고 초안을 생각해 달라거나 브리핑을 정리해 달라고 요청하려면 직원들을 어떻게 교육해야 할까? 어느 도구를 사용해 이런 기능을 하나로 결합할까? 이런 논의 주제 중 어떤 것은 이미 실현 단계에 있고, 어떤 것은 아직 모색 중이다. 나는 인터페이스와 프로세스, 경험을 잘 조율할 수 있다면 아주 빠르게 주목 받을 것이라 본다.

로봇이 당신의 일상 속으로 들어올 때

인구 노화와 전 세계 노동력이 감소하면서 앞으로 AI는 가상 세계에서 걸어 나와 현실 세계로 들어가게 될 것이다. 챗GPT를 로봇에 장착하기만 하면 전시장에서 로봇과 대화를 나눌 수 있고, 음식점에서 로봇을 활용해 주문받기, 음식 나르기, 냅킨 가져다주기 등이 가능해진다. 그러나 사람과 로봇이 어떻게 공존할지의 문제 역시 새로운 논의 주제이다.

배달 플랫폼 우버 이츠Uber Eats는 일찌감치 미국 로봇 회사 서브 로보틱스^Serve Robotics와 손잡고 음식 배달 로봇을 테스트하기 시작했다. 2023년 5월 우버 이츠는 2026년부터 2천 대의 AI 로봇 부대를 출동시켜 미국의 대도시에서 배달 서비스를 시작하겠다고 발표했다.

우리는 인간과 로봇이 조금의 틈도 없이 완벽하게 협력하는, 지나치게 이상적인 이야기는 접어두고 간단한 문제 하나만을 제기했다. 우버의 배달 로봇이 거리를 뛰어다닐 때 지나가던 사람이 그 로봇들을 공격하지 않는다고 장담할 수 있을까? 이것은 너무나 당연히 일어날 수 있는 일이기도 하다. 어린아이들이 길을 가다가 로봇이 피자를 배달하는 모습을 본다면 장난삼아 피자를 빼앗거나 걷는 데 방해가 된다며 로봇을 걷어찰지도 모른다. 그것은 업주의 손실과 법적 분쟁으로 이어질 수 있다. 그래서 사회의 안정과 안전을 유지하는 관점에서 볼 때 로봇 설계에서 가장 먼저 고려해야 할 부분은 사람들에게 반감을 일으키지 않는 것이다. 현재 시장에 나와 있는 로봇을 살펴보면 대부분 평소 마주쳐도 괜히 시비를 걸 마음이 들지 않을 만큼 아주 귀여운 외모를 가지고 있다는 사실을 알 수 있다.

많은 음식점과 호텔에서는 이미 서비스 로봇을 도입했고, 당연히 이미 동선을 적절하게 설계해 사람을 해치거나 상처를 주는 행동을 하지 않는다. 그러나 접시와 그릇을 배달하는 과정에는 사각지대가 있을 수 있어 로봇이 소비자와 충돌할 가능성도 여전히 존재한다.

도대체 어떻게 설계해야 서비스 과정이 원활하게 이루어지고, 소비자도 만족할 수 있을까? 바쁜 시간임에도 고객이 음식점에 와서 로봇과 한참 동안 수다를 떤다든지, 로봇이 음식을 제공하는 과정에서 충돌이 발생하는 등의 문제는 서비스를 제공하는 기업이 적극적으로 논의해야 할 과제이다.

심리학, 인지과학, 신경학, 산업 디자인의 높아지는 위상

앞에서 말했던 것처럼 사람과 AI의 협력은 머지않아 현실이 되고, 심리학, 인지과학, 신경학은 모두 다시 주목받으며 새로운 튜링 테스트가 되었다.

과학자들은 기존의 심리학 실험을 AI에 응용했을 때 어떤 행동을 보일지, 생성형 AI가 세상에 등장한 이후로 인간에게 하던 심리 테스트를 AI에게 무작위로 던져보면 어떤 답을 내놓을지, 무엇을 잘하고, 무엇을 못 하는지를 지켜보고 있다. 그리고 이와 관련된 무수히 많은 논문이 이미 발표되었다.

예전에는 '인간과 기계의 협력'이 정보 공학이나 컴퓨터 과학 관련 학과의 필수 과목에 포함되었지만, 앞으로는 인간과 기계의 협업이 '인간과 AI의 협력'으로 이름이 먼저 바뀔 수 있고, 그밖에 심리학, 인지과학, 신경과학 등 다양한 분야의 학과에 광범위하게 포함될 수 있다. 그중 인간과 컴퓨터 소프트웨어의 상호작용부터 어떤 식의 형식과 경험이 비교적 좋은지, 인간이 로봇과 대면하고 상호작용했을 때의 반응은 어떤지, 로봇의 모양을 어떻게 설계해야 하는지 등이 모두 중요한 연구 내용이 될 수 있다.

각양각색의 생성형 AI의 응용은 앞으로 갈수록 많아지면서 AI는 가상 세계에서 나와 현실 세계로 들어갈 것이다. 이로부터 심리학, 인지과학, 신경학, 산업 디자인 등등 다양한 영역의 전문가들이 연구에 뛰어들만한 새로운 과제들이 넘쳐나고, 이런 학문이 '다시금 주목받는' 때가 올 것은 자명한 사실이다.

CHAPTER 24

빅테크 기업의
속셈 들여다보기

오픈AI와 과학 기술 분야의 거물급 기업들이 2023년 한 해 동안 각축을 벌이면서 AI 기술과 기본 모델이 매우 빠른 속도로 발전할 수 있었다.

사실 이것은 산업과 소비자 모두에게 좋은 일이고, AI가 누구나 사용 가능한 대중화 단계로 진입하는 데 일조했다.

챗GPT가 등장한 후 그것을 재밌게 즐기는 사람도 많았지만, 한편에서는 '그럼 앞으로 나는 무엇을 해야 할까?'를 고민하는 사람들도 적지 않았다.

AI를 본업으로 삼지 않는 사람에게 나는 가끔 농담 삼아 이렇게 말한다.

"먼저 발 뻗고 편안하게 누워서 기다려 보세요!"

지금의 AI는 언어 모델의 변동이 심하고, 계속해서 빠른 속도로 개선되어 가는 과정이기 때문에 너무 일찍 어떤 모델을 겨냥해 응용 프로그램을 개발한다면 도리어 나중에 모델 교체로 인한 위험 부담과 비용이 발생할 수 있다. 그래서 우선 구글, 메타, 아마존 등과 같은 빅테크 기업이 어떻게 대처하는지 지켜보며 기술이 어느 정도 안정될 때까지 기다려 보는 편이 차라리 낫다.

내가 보기에 모든 디지털의 본질은 더 정교한 방식으로 '주의력', '거래' 그리고 '데이터'를 빼앗아가는 것이다. 이 본질은 향후 몇십 년 동안 변하지 않을 것이다. 그래서 구글이 제삼자 쿠키를 도태시키든, 애플이 앱과 광고주의 사용자에 대한 데이터 수집을 금지하든 결국 도덕적으로 바람직해 보이는 이러한 표면적 행동이 사실은 모두 사용자의 주의력과 데이터를 빼앗아가기 위한 빅테크의 새로운 방식이라는 것에 주목해야 한다.

또한 '네트워크 외부성network externality('네트워크 효과'로도 불리며, 상품의 가치가 사용자가 많아질수록 높아지는 것을 의미)'과 '한계 수익 증가increasing marginal revenue'로 불리는 두 가지 경제 효과의 관계 때문에 디지털 경제는 '승자 독식'의 상황이 생기게 되고, 빅테크 기업을 무너뜨리기도 쉽지 않아진다.

예를 들어 구글은 컴퓨터 시각 기술 영역에서 1퍼센트의 인식

률을 개선했고, 그로 인해 광고 산업에서 몇십억 혹은 몇백억 달러 이상의 새로운 생산 가치를 만들어 낼 수 있다. 그러나 신생 스타트업이 동일한 개선 비율을 보였다면 어땠을까? 아마도 그 회사의 생산 가치 증가는 아주 미약하거나 무시해도 되는 수준일지도 모른다. 기껏해야 논문을 몇 편 발표한다거나 몇 개의 홍보 기사만 내는 등 형식적인 수준에서 마무리될 것이다. 대규모 광고 인프라와 수요 측면의 규모 경제는 본래 일반 스타트업이 아니라 빅테크 기업의 손에 들어가 있기 때문이다.

잠자는 거인의 코털을 건드리다

마찬가지로 현재 AI를 중심으로 이루어지는 각종 디지털 전환 사업 및 구글, 메타가 출시한 대규모 언어 모델은 디지털 경제의 본질과 크게 다르지 않으며, 결과적으로 사람들의 시선과 주의력을 빼앗기 위한 것이다.

그래서 챗GPT가 등장하기 전에 현존하는 빅테크 기업들의 균형은 완벽하게 유지되었고, 각자의 자리를 지켜나갔다. 아마존은 전자상거래, 구글은 검색, 메타는 소셜 네트워크, 애플은 하드웨어, 마이크로소프트는 기업 소프트웨어 분야에서 각자의 역할을 담당하며 수익을 올렸고, 이들 사이의 균형을 깨트릴 이유가 전혀 없었다. 그래서 빅테크 기업들은 각자 AI를 개발하면서도 그 발전을 가속해야 한다는 긴박감은 느끼고 있지 않았다. 하지만 챗GPT가 손 쓸 틈도 없이 그들의 목을 조여 왔고, 거인들은 변화의 필요성을 절감하게 되었다. 그들은 AI에 기반을 둔 새로운 비즈니스 모델이 자신들의 자리를 위협할 수 있다는 사실을 깨닫고 너나 할 것 없이 그 변화에 적극적으로 대응하기 시작했다. 그야말로 잠자고 있던 거인이 하룻밤 사이에 깨어난 셈이었다.

빅테크는 서둘러 기초 모델을 준비해 대응해야 할 만큼 심한 압박을 받았다. 2023년 우리는 빅테크가 앞다투어 막대한 자금을 쏟아 부어가며 기초 모델의 업그레이드를 위해 사활을 거는 모습을 지켜보았다. 구글은 2월에 LaMDA^{Language Model for Dialogue Applications}•를 기반으로 한 구글 바드^{Google Bard}(2024년 2월 '구글 제미니'로 이름을 변경함)를 출시했고, 12월에는 다중 모달 모델^{multimodal model} 구글 제미니를 또 출시했다. 메타 역시 2023년 2월에 대규모 언어 모델 '라마^{LLaMA}'를 출시했고, 7월에 또 '라마 2'를 발표했다. 아마존은 새로운 AI 스타트업인 '앤트로픽^{Anthropic}'에 40억 달러를 투자했고, 2024년 3월 최신 모델 '클라우드3'을 출시했다. 이것은 오픈AI의 GPT-4를 모든 면에

• **LaMDA** : 구글이 개발한 '대화 신경 언어 모델'이며, 2021년 구글 I/O 연례회의에서 1세대가 처음 발표되었다. 2023년 2월 구글은 챗GPT와 맞서기 위해 LaMDA를 기반으로 연구, 개발한 채팅 로봇 Bard를 출시했다.

서 능가했다는 평을 받고 있다. 1년여 동안 모든 사람이 이런 변화에 눈코 뜰 새 없이 바쁜 시간을 보내야 했다(나 역시 이런 발전을 따라잡느라 숨이 찰 정도다).

빅테크의 발 빠른 대응은 챗GPT의 등장이 세력 균형을 깨뜨리면서 그들에게 상당한 위기감을 안겨주었다는 방증이기도 하다.

만약 사람들의 시선을 선점하고자 하는 논리 구조로 보면 구글은 세계 최대 규모의 검색 엔진을 가진 인터넷 포털이고, 메타는 가장 많은 인구가 사용할 만큼 다양한 소셜 네트워크를 보유하고 있다. 그럼에도 그들은 많은 사람이 챗GPT에 머물며 시간을 보낼까 봐 두려워한다(결국 챗GPT는 두 달 동안 사용자가 1억 명을 돌파하는 신기록을 세웠다). 사용자는 정확한 정보를 찾기 위해 구글을 방문하고, 챗GPT는 채팅을 하거나 무언가를 작성할 때 도움을 요청하기 위해 사용한다. 이렇듯 사람들이 구글과 챗GPT를 찾는 목적은 확연히 나뉜다. 그러나 누구에게나 하루는 24시간뿐이고, 챗GPT의 사용 규모는 빅테크의 강력한 무기였던 '주의력' 끌기에 치명타를 입히기에 충분했다.

구글이 검색 엔진을 설계한 취지는 '구글에 오래 머물러 있는 것'이 아니라 '최대한 빠른 시간 내에 사용자가 원하는 곳을 찾아가도록 도와주는 것'이었다. 반면 챗GPT는 구글과의 정면충돌을 피한 채 그것을 대신할 더 강력한 검색 엔진이 되고자 한다. 챗GPT는 전체 사용자의 흐름을 되돌려 챗GPT에 오래 머물게 할 방법을 모색하고 있고, 이것이 바로 구글이 위협을 느끼는 원인이기도 하다. 그러나 2023년이 끝나갈 무렵까지 구글의 검색 광고 사업은 그다지 큰 위협을 받지 않았다. 2023년 제4분기에도 투자자들에게 매우 긍정적인 재무 보고서를 제출했고, 검색 엔진의 세계 시장 점유율도 계속해서 90퍼센트 이상을 유지하고 있다. 이것은 오픈AI가 아직 구글의 황금알을 낳는 검색 광고를 위협하지 못했다는 것을 의미한다. 비록 오픈AI가 오래전부터 자체 검색 엔진을 만들어 구글에 도전장을 내밀겠다고 호기롭게 말해 왔지만, 그 장벽은 아직 높은 듯 보인다. 구글도 지난 1년여 동안 전면적인 방어전을 펼치며 자신의 성지를 정비했고, 내부적으로 구글 AI와 딥마인드의 통합을 통해 AI 기술의 업그레이드를 발 빠르게 진행했다.

클로즈 소스와 오픈 소스의 지속적인 공존

챗GPT가 등장하기 전에 AI는 계속해서 극도로 개방적이고, 오픈 소스를 중시하는 커뮤니티였다. 그러나 이제 구글과 오픈 AI 등은 막대한 자금과 데이터를 기술에 쏟아부어 AI 모델을 훈련하면 독보적인 경쟁력을 바탕으로 우위를 점할 수 있다는 사실을 발견했다. 그래서 이 기업들은 독점 데이터와 기술의 사용 조항을 엄격하게 규제하기 시작했고, 정보와 기술의 세부 사항에 대한 공개도 점점 축소하며 AI '사유화' 추세를 이끌고 있다.

예를 들어 AI로부터 직접적인 수익을 창출해야 하는 구글과 아마존은 자사의 가장 중요한 기초 모델을 오픈 소스에 포함하지 않으려는 경향을 보이게 될 것이다. AI로부터 만들어 내는 직접적인 수입은 구글 클라우드 플랫폼^{GCP}, 아마존 웹 서비스^{AWS}처럼 클라우드 환경을 AI 모델로 채우고, 개발자와 기업, 산업 분야에 종량제 방식으로 임대해서 받는다. 이러한 수익 모델은 그들의 수중에 있는 가장 중요한 AI 모델을 쉽게 공개하지 못하도록 막는다. 결국 다른 기업이 자유롭게 모델을 선택해서 사용하고, 자사에 그 모델을 배포할 수 있도록 했을 때의 고정 비용이 클라우드를 직접 사용하는 변동비용보다 낮다면 이들 기업은 빅테크의 클라우드 서비스를 더 이상 사용하지 않는 방식까지 고려하게 될 것이다.

구글과 아마존만큼 제품 라인이 많지 않은 오픈AI는 더 말할 것도 없다. 챗GPT는 그들의 독점 기술이고 유일한 무기이기 때문에 쉽게 오픈 소스로 만들 수 없다. 그렇게 하는 순간 그들의 독점 기술을 빼앗기는 것과 같다. 그래서 오픈AI는 어떤 데이터로 챗GPT를 훈련했는지 공개하고 싶어 하지 않으며, 그것을 영업 비밀로 간주하고 있다.

2003년 스탠퍼드대학 컴퓨터공학과의 리페이페이 교수가 타이완을 방문했을 때 나는 사적인 자리에서 그녀와 가벼운 이야기를 나누던 중 '오픈AI가 갈수록 클로즈AI^{CloseAI}처럼 변해가고 있는 것 같다'고 말한 적이 있었다. 그때 그녀는 담담하게 미소를 지으며 이렇게 대답했다.

"이미 그렇게 되어버렸죠."

그렇다면 여전히 오픈 소스를 고수하는 기업이 남아 있을까? 물론 있다. '메타'가 바로 그 대표 주자 중 하나이다. 예전에는 메타를 가리켜 아주 큰 '담장 안의 정원^{walled garden}'이라고 표현했다. 방대한 규모의 페이스북, 인스타그램, 왓츠앱^{Whats App}과 같은 소셜 미디어 메시징 소프트웨어를 모두 한 회사가 통제하고 있는 폐쇄적인 시스템이었기 때문이다. 메타는 몇 년 전부터 메타버스에 집중 투자했지만, 메타의 CEO 마크 저커버그^{Mark Zuckerberg}는 이 메타버스의 보급 속도가 느리고, 논의마저 식어가고 있는 와중에 AI가 붐을 일으키자 뒤늦게 위기의식을 느끼며 서둘러 방향을 전환했다.

AI에 대한 마크 저커버그의 전략은 '지속적인 오픈 소스'였다. 그래서 그는 2023년 7월에 라마 2와 향후 생성형 AI 성과의 확장을 위해 마이크로소프트를 주요 협력 파트너로 삼겠다고 선언했다. 2024년에 들어서자 메타는 7월에 라마 3을 출시하겠다고 발표했다.

메타는 왜 이런 경영 전략을 세웠을까? 한 회사가 대대적으로 오픈 소스를 추진하려 한다면, 그것은 이상적인 이유에서 비롯된 것일 수 있다. 그러나 이렇게 하는 것이 그들의 사업 이익에 도움이 되거나 혹은 적어도 폐단보다 이익이 더 크기 때문일 가능성이 더 높다. 이 사례에서 답은 분명 후자이다.

메타와 구글, 아마존의 사업 모델은 완전히 다르다. 소셜 네트워크가 바로 메타의 상품이고, 메타 수익의 99퍼센트는 소셜 네트워크의 광고로부터 나온다. 그러므로 자신의 AI 기술을 공개한다 해도 사업적 이익의 득실에 크게 영향을 받을 리 없고, 심지어 이로 인해 의료, 반도체, IoT 등 그동안 기회가 닿지 않았던 새로운 영역까지 진출할 기회를 얻을 수도 있다.

메타는 라마를 공개한 후에 개발자 생태계에서 선두 자리를 거머쥐었다. 메타는 더 많은 개발자를 끌어들여 모델을 개선했고, 또 한편으로는 명성도 얻어 더 많은 우수한 AI 인재가 라마를 사용하고 개선할 수 있도록 그들을 유입했다. 이로써 메타는 명성과 이익을 모두 얻는 쾌거를 이루었다. 메타는 이미 AI 오픈 소스 소셜 커뮤니티의 최강자가 되었고, 2023년 내내 AI 오픈 소스 소셜 네트워크 플랫폼의 성능을 겨루는 '허깅 페이스Hugging Face' 순위에서 10위권 안에 들었다. 그리고 그중 절반

이상이 라마와 그 하위 모델들이었다. 텍스트, 영상 등이 기본 모델로 사용하는 주요 대상이다. 더 많은 오픈 소스 모델이 등장하기 전에 메타는 이미 오픈 소스 소셜 커뮤니티에서 오픈AI의 자리를 빠르게 대체했고, 오픈AI는 챗GPT를 발표한 후에 결국 오픈 소스의 전략을 완전히 포기했다.

한편 구글은 제미니를 통해 자신이 확보하고 있던 기존의 땅을 더 확고히 다진 후 한발 더 나아가 제미니의 경량급 오픈 소스 버전인 젬마^{Gemma}를 출시했다. 이것을 통해 그들은 자신의 AI 모델이 아직 완전히 침투하지 못한 노트북, IoT 디바이스, 산업용 설비 등의 영역을 더 빨리 점령하고 싶어 했다. 유럽에서 온 AI 신성 미스트랄은 다크호스의 면모를 드러내며 2023년 말에 전문가 혼합 아키텍처 MoE를 출시했고, 오픈 소스 소셜 네트워크의 모델을 단번에 GPT-4의 수준에 근접하도록 만들었다.

일련의 여러 가지 발전 추세로 볼 때 비록 오픈AI가 AI의 사유화 추세를 끌어냈지만(그 회사 이름이 지금 보니 무척 아이러니하다), 빅테크와 오픈 소스 노선에 주력하는 AI 신예들은 계속해서 다양한 전략으로 시장을 공략할 것이다. 그리고 클로즈 소스와 오픈 소스 두 종류의 노선이 계속 공존하는 가운데 소비자와 기업의 선택은 갈수록 많아질 것이다.

AI 기술의 대격돌과 AI 보급의 가속화

　오픈AI와 빅테크는 2024년 한 해 동안, 각축전 끝에 AI 기술과 기초 모델의 매우 빠른 발전 속도를 이끌어 왔다. 그러나 앞으로 우리가 관심을 기울여야 하는 것은 '생태계의 발전'이 될 것이다. 나는 연설과 인터뷰 기회가 생길 때마다 모든 디지털 과학 기술의 전쟁이 생태계 전쟁이 될 것이라고 강조해 왔다. 2024년부터 빅테크는 이미 생태계 전쟁에서 오픈AI를 반격하기 시작했다.

　2023년 오픈AI는 전 세계에서 각광을 받아왔지만, 지금 빅테크가 자사 제품과 채널의 이점을 살려 다시 주도권을 빼앗아가고 있다. 예를 들어 구글은 자사의 기초 모델을 GCP에 배포했고, 새로 발표한 구글 제미니는 울트라Ultra, 프로Pro, 나노Nano 등 대형, 중형, 소형의 세 개 버전으로 나뉘었다. 대형 모델은 말할 것도 없이 오픈AI의 GPT-4를 직접 겨냥하며, GPT-4가 할 수 있는 모든 것이 가능하다고 표방하고 있다. 중형 모델은 기업 맞춤형 사용을 제공하고, 소형 모델은 자사의 픽셀Pixel 시리즈 휴대폰에 배포할 계획이다.

　한편 오픈AI에 투자한 마이크로소프트는 챗GPT를 자사의 검색 엔진 빙Bing에 넣는다는 사실에 크게 기뻐했지만 효과가 기대에 미치지 못했고, 구글 검색의 방어 장벽은 여전히 강력해 무너뜨릴 수조차 없다는 사실을 깨달았다. 이제 각자의 돌파구를 찾아야 하는 상황이 오자 마이크로소프트는 AI를 기존에 있던 자사의 강력한 소프트웨어 오피스^{Office}에 통합했고, '365 코파일럿'이 바로 그들의 주력 제품이 되었다.

그렇다면 원래부터 독주하고 있던 오픈AI는 어떨까? 첫째, 오픈AI는 텍스트를 활용해 정교한 3D 영상을 만드는 기술을 구현한 소라^{Sora}*와 같은 제품을 계속해서 출시하며 세상을 놀라게 만들었다. 하지만 챗GPT의 핵심 사업 모델이 전체 오픈AI를 뒷받침해 줄 수 있을지는 아직 미지수이다. 챗GPT는 구독 서비스와 브랜드 인지도를 제외하면 현재로서 다른 방어벽을 가지고 있지 않다. 게다가 AI 훈련과 유지를 위해 방대한 자금을 쏟아부어야 하기 때문에 외부에서 유입되는 자금이 부족해지면 결국 비용 절감을 해야 하고, 그것은 자연히 핵심 서비스 품질의 하락으로 연결된다.

반면 빅테크는 기존의 대규모 인프라를 활용해 규모의 경제를 실현하고, AI 훈련 비용을 낮출 수 있어서 훨씬 유리한 입지에 설 수 있다.

• **소라(Sora)** : 오픈AI가 2024년 2월에 발표한 인공지능 모델. 문자를 통해 사실과도 같은 영상을 생성할 수 있다.

둘째, 오픈AI는 GPT 스토어GPT Store를 적극적으로 발전시켜 개발자들이 자신이 직접 만든 각종 독점 GPT를 공유하거나 판매하는 자신들만의 생태계를 만들려 한다. 그러나 구글의 구글 플레이Google play, 애플의 앱스토어APP Store가 가만히 있을 리 만무하다. 그들이 오픈AI가 휴대폰에서 GPT 스토어를 발전시키도록 두고만 보지 않을 것이고, 결국 이 파이는 그들의 입으로 들어갈지 모른다.

한편 오픈AI와 마이크로소프트는《뉴욕타임스》에게 대규모 소송을 당했다.《뉴욕 타임스》는 챗GPT와 기초 모델의 훈련 데이터가 자사의 동의를 거치지 않은 상태에서 사용되었다며 무단 사용에 대한 소송을 제기했다. 이것은 전 세계가 주목하고 있는 만큼 매우 심각한 사안이다. 만약 법원이 오픈AI에게 50억 달러를 배상하라고 판결한다면, 다른 업계 관계자들도 오픈AI를 상대로 배상을 청구할 수 있기 때문이다.

모두의 이목이 쏠린 오픈AI의 비밀 병기

그렇다면 오픈AI가 더 대단한 기술을 감추고 있는 것은 아닐까? 나는 그럴 거라고 믿는다. 오픈AI의 CEO 알트만은 인터뷰를 할 때면 늘 보급형 인공지능Artificial General Intelligence, AGI을 언급해 왔고, 이전에도 비밀 병기 'Q'가 세상을 휩쓸 AI 기술이 될 거라는 소문이 내부에서 전해져 나오기도 했다. 그러나 원점으로 돌아가서 설사 오픈AI가 정말 AGI를 가지고 있다 해도 지금 시점에서 공개할 수 있을까? 오픈AI는 이로 인해 더 많은 공격을 받지 않을까? 후자의 경우는 거의 확실하다. 그것은 오픈AI의 소라에 대해 신중한 태도를 고수하고 있는 것만 봐도 알 수 있다. 각국 정부와 업계는 오픈AI와 빚어왔던 마찰과 전 세계적인 영향력을 고려해 그들의 일거수일투족에 민감하게 반응하며 면밀한 검토를 하고 있고, 언제라도 규제와 감시에 들어갈 만반의 준비를 하고 있다. 상황이 이렇다 보니 오픈AI도 신중할 수밖에 없다.

AI 기술, 기초 모델의 영역은 여전히 계속해서 발전하며 안정화 단계를 향해 나아가고 있다. 사실 빅테크의 격돌은 산업과 소비자 모두에게 좋은 일이다. 몇 마리의 괴수만이 AI의 시장 점유율을 차지하기 위해 필사적으로 싸우는 형세는 AI의 비용을 낮추고, AI를 누구나 사용할 수 있는 전면적 보급의 단계로 가는 시간을 더 줄여줄 수 있다. 이 모든 과정을 직접 목격하며 우리는 지금 인류 사회의 지능화를 위한 중요한 전환점 위에 서 있다.

CHAPTER 25

데이터 보안과 AI 신뢰도가 가장 중요하다

'AI는 왜 유효한가? 질문에 대한 답을 생성할 때 AI 내부는 도대체 어떻게 작동하는가?'

아직 풀리지 않는 이 문제를 우리는 'AI의 블랙박스 문제'라고 부른다. 이 문제를 하루라도 빨리 해결하지 않는 한 인류는 결국 AI를 완전히 신뢰할 수 없을 것이다.

AI가 이렇게 대단해지다 보니 사람들은 AI가 스스로 자신의 지적 능력을 발전시킬 수 있는 것은 아닌지 우려하기 시작했다. AI가 인간의 고유성을 위협하고, 심지어 자아의식을 갖게 된다면 언젠가 인류를 지배할 날도 오지 않을까? 이것은 매우 중요한 질문이다.

지능 테스트를 통과한 GPT-4

우리가 지능에 대해 어떤 정의를 내리든(인간은 수백 수천 년 동안 이 정의를 두고 끊임없이 논쟁했지만 지금까지도 결론은 없다), 오픈 AI의 GPT-4가 이미 우리가 일반적으로 인지한 지적 능력을 갖추고 있는 것만은 확실하다.

GPT-4가 처음 등장했을 때 마이크로소프트의 연구진은 그 즉시 GPT-4에 대한 연구를 진행했고, GPT-4가 보여준 놀라운 능력을 기록한 154페이지 분량의 연구 보고서를 작성했다. 그중 가장 놀라운 것은 GPT-4가 유명한 심리 테스트 '샐리-앤 테스트Sally-Anne test'를 통과했다는 사실이다.

이것은 아동의 발달심리학 연구에서 아동의 '마음 이론Theory of Mind' 능력, 즉 아이가 '타인의 심리상태와 관점을 이해할 수 있는지'를 평가하는 데 자주 사용된다.

테스트의 내용은 이렇다. 샐리와 앤이 방 안에 있고, 샐리는 구슬 하나를 바구니 안에 넣은 후 밖으로 나간다. 앤은 샐리가 방을 나간 후 몰래 바구니에 있던 구슬을 꺼내 다른 상자 안에 넣고 뚜껑을 닫았다. 이때 심리학자가 테스트를 받는 아이에게 묻는다.

"샐리가 돌아온 후에 어디에서 구슬을 찾을까?"

어떤 아이들은 샐리가 상자 안에서 구슬을 찾을 거라고 대답한다. 이것은 잘못된 대답이다. 샐리는 앤이 바구니에서 구슬을 빼내 상자로 옮겨 놓은 걸 모르기 때문이다. 그러나 마음 이론을 이해한 아이는 샐리가 구슬이 없어진 것을 모르기 때문에 자기가 구슬을 넣어둔 바구니에서 먼저 구슬을 찾으려 할 테지만 결국 구슬이 없어진 것을 알게 될 거라고 생각해 낼 수 있다. 이것이야말로 정확한 답이다. 이 테스트의 결과는 심리학자가 아동의 발달 상황 및 그들이 타인의 생각을 이해하는 정도를 파악하는 데 도움을 줄 수 있다.

2010년에 진행된 한 실험 결과에서 6~8세까지 아동의 정답률이 65.5퍼센트였고, 9~14세까지 아동의 정답률은 91.9퍼센트로 나타났다. 이 수치는 무엇을 의미하는 것일까? 그것은 바로 특정 연령까지 성장하고 나면 모든 아동이 이 문제의 정답을 맞힐 수 있다는 것이 아니라 연령이 높아질수록 정답률도 상승한다는 점이다. 그래서 설사 중학생이라 해도 이 문제에 틀린 답을 내놓을 수 있다.

마이크로소프트의 연구진은 이 테스트를 이용해 GPT-4의 추리 능력과 공감 능력을 실험해 보겠다는 기발한 생각을 해냈다.

게다가 GPT-4가 테스트 전에 인터넷에서 샐리-앤 테스트에 관한 정답을 미리 확인하고 속임수(이미 나와 있는 답을 외운다는 의미임)를 써 테스트에 통과하는 것을 막기 위해 연구진은 이 테스트의 내용을 현대 버전으로 바꿔놓았다. 앨리스의 동료 밥이 앨리스가 모르는 틈을 타 그녀의 서류를 다른 곳에 옮겨 둔다. 그리고 앨리스가 그 서류를 어디서 찾을 수 있냐고 물어보는 식이다. 그런데 놀랍게도 GPT-4는 이 변형된 문제에도 여전히 정확한 답을 말했다. 이후 GPT-4가 도대체 어떻게 이런 능력을 갖추게 되었는지 모두의 관심이 집중되었다. 하지만 연구진은 그 답을 찾지 못했고, 여전히 더 많은 연구가 필요한 상황이다.

만약 당신이 아직도 모르겠다면 인공신경망을 기반으로 훈련한 이 AI들이 인간의 입장에서 보면 엄청난 블랙박스라는 사실에 주목해 보자.

우리는 훈련을 거쳐 완성된 AI의 효능을 알 뿐이다. AI가 답을 생성할 때 도대체 내부에서 어떻게 작동하는지는 전혀 알지 못한다. 이것은 여전히 미해결 문제이며, AI 영역의 전형적인 '블랙박스 문제Black Box Problem'로 불린다. 이 연구 보고는 인류가 GPT-4와 기타 대형 언어 모델이 도대체 어떻게 운영되는지 서둘러 방법을 강구하고 이해해야 한다고 우려 섞인 언급을 하고 있다.

AI의 '블랙박스' 문제는
데이터 보안과 신뢰와 연관되어 있다

나는 GPT-4가 샐리-앤 테스트의 고급 수준의 마음 이론 능력을 통과했을 때 연구진의 마음이 어땠을지 너무나도 공감이 된다.

AI의 학술 연구 영역에서 'AI 블랙박스'는 그리 중요하지도 않고, 인기 있는 주제도 아니었다. 적어도 2022년 이전까지 AI는 몇몇 과학 기술 관련 회사에서나 다룰 뿐이었고, 사람들은 그것에 대해 별다른 느낌이 없었다. 그들에게 AI는 스마트 비서처럼 음악을 대신 틀어주는 존재였기 때문이다. 그래서 당시 AI 블랙박스 문제를 연구하는 논문은 극히 적었고, 그것을 연구할 필요조차 없었다. 그러나 챗GPT를 비롯한 대형 모델이 별안간 나타나 특별한 능력을 보여주자 상황은 반전되었고, 이것은 전문가들조차 예상하지 못한 일이었다.

그들은 원래 짧은 문장만 읽을 줄 알던 AI가 갑자기 추론을 하게 된 것에 의문을 품었다. 현재까지 알려진 최선의 대답은 '양적 변화가 질적 변화를 초래했을 것'이라는 것뿐이다. 신경망이 커지고, 매개 변수가 많아지면서 AI가 당초 예상하지 못한 능력을 드러냈을 거라고 가정하고 있다. 이 때문에 이 현상을 초래한 원인에 모두의 이목이 집중되고 있다. 2023년 하반기부터 AI의 비밀을 풀기 위한 논문이 쏟아져 나왔고, 블랙박스는 AI 대중화를 위해 극복해야 할 중요한 과제가 되었다.

AI 능력이 갑자기 큰 폭으로 상승한 원인을 찾아내는 것 외에도 '블랙박스'는 '데이터 안전' 문제와 직접 관련이 있다. 데이터 안전사고는 두 가지 차원으로 나눠 말할 수 있다. 하나는 누군가 악의적 공격을 하며 정보를 훔쳐 가는 것이고, 또 하나는 AI가 무의식중에 실수로 만들어 내는 오류들이다. 이 밖에도 AI가 갈수록 많은 결정을 내리게 되면 인간은 무엇을 근거로 AI를 믿어야 하는지도 문제가 된다.

예를 들어 은행에서 대출을 받을 때 대부분 컴퓨터를 통해 대출을 해 줄지 말지 결정하게 된다면 고객은 자신에게 아무 문제도 없는데 왜 대출이 안 되는 것인지 당연히 의문을 품을 수밖에 없다.

빠른 속도의 AI의 지능 성장에 관리, 감독은 필수다

예전의 경우 글로벌 정부의 소프트웨어 관리, 감독은 플랫폼으로부터 시작되었다. 만약 그 플랫폼에 음란물, 도박 등 악성 콘텐츠가 올라오면 바로 규제를 가했다. 하지만 생성형 AI가 등장한 후부터 그들의 관리, 감독은 알고리즘의 세부적인 단계까지 파고들기 시작했다. 입법자들의 관점에서 볼 때 기업이 AI의 설명 가능성을 일정 수준까지 끌어올려야만 데이터 보안과 신뢰에 대한 우려와 의심을 내려놓을 수 있는 수준까지 와버렸다.

유럽 연합 의회는 2024년 3월, 세계 최초로 '인공지능 법안Artificial Intelligence Act, AI Act'을 통과시켰고, 해당 법안에 따라 이제 기업은 AI가 왜 그런 판단과 예측을 내놓았는지 소비자에게 설명할 수 있어야 한다.

예를 들어 단순한 데이터 분석으로 계산한 것인지 아니면 딥러닝처럼 복잡한 알고리즘을 사용했는지 투명성을 보장해야 한다. 이렇게 기업이 설명해야 하는 과정이 바로 AI 시스템의 블랙박스를 여는 출발점이 될 수 있다.

현재 AI의 설명 가능성에 관한 연구는 몇 가지 방식을 통해 진행되고 있다. 한 가지 방식은 외부로부터 오는 경험적 규칙을 바탕으로 연구를 진행하는 것이다. 전문가는 인류를 연구하듯 AI를 상대로 심리 테스트를 진행하고, AI가 민감한 문제에 직면했을 때 방관자 입장을 취할지 아니면 논쟁의 여지가 있는 답을 내놓을지 관찰하며, AI가 정상적인 행동을 보이면 해당 AI의 지능이 정상이라고 말할 것이다.

두 번째 방향은 연구원이 AI의 뇌를 열어 그 신경망을 관찰하는 것이다. 마치 뇌파를 연결하는 것처럼 AI가 그림을 그리거나 프로그래밍을 할 때 어떤 부위의 신경망이 빛을 내며 활성화되는지 관찰할 뿐 아니라, 더 나아가 AI의 추리 과정을 분석할 수 있다.

의학적으로 인간의 뇌가 어떤 식으로 추리 과정을 거치는지 검증하기는 쉽지 않다. 두 사람이 서로 소통할 때 각자의 뇌에 도대체 무슨 일이 일어나는지 실시간으로 관찰하거나 직접 개입해서 연구하기 어렵다. 그러나 인공신경망이라면 가능하다. AI의 데이터 정보가 도대체 어느 뉴런에서 출발해 어디로 이동하는지 추적할 수 있고, 이 때문에 전문가들도 AI가 왜 이런 선택을 했는지, 어떤 두 개의 핵심 요소가 하나로 연결되어 이런 결과를 생성한 것인지를 분석할 수 있다

상업적 관점에서 보면 AI의 블랙박스와 해석 가능성은 AI의 대중화를 위해 반드시 해결해야 할 도전 과제이고, 사업적 두뇌 회전이 빠른 기업은 심지어 이 문제를 새로운 사업 기회로 여길 수 있다. 실제로 이미 AI 검증 및 인증 서비스를 전문으로 하는 스타트업이 속속 등장해 기업이 자사가 채택한 AI의 신뢰성을 검증할 수 있도록 협조하고 있다. 설명 가능한 응용 프로그램의 프레임워크와 기술 영역을 보면 이미 구글, 마이크로소프트 등의 빅테크도 계속해서 출시하고 있다. 설명 가능한 도구들은 앞으로 대부분 무료로 전환될 것으로 예상되며, 이것은 오픈 소스 세상과 크게 다르지 않을 것이다. 설명 가능성을 연구하는 도구

조차 블랙박스일 수 없기 때문이다. 이 도구들은 기본적으로 투명하고 공개적인 방향으로 대폭 개방될 것이다.

AI의 블랙박스 문제에 직면해서 인류는 논리적 사고 능력을 갖춘 지능형 기계를 만들어 냈지만, 그것이 어떻게 작동하는지 아는 사람은 아무도 없다. 이런 상황에서 시장에는 두 개의 상반된 힘이 팽팽하게 맞서고 있다. 빅테크와 민간 기업은 AI의 빠른 대중화를 원하는 반면, 규제 기관은 기업이 먼저 나서서 AI 모델이 도대체 어떻게 작동하는지, 쓸데없는 말을 내뱉거나 청소년에게 유해한 정보를 제공하는 것은 아닌지 설명할 것을 요구하고 있다. 즉, 충분한 준비가 되어야 도입이 가능하다는 입장을 고수하고 있는 셈이다. 하지만 이미 AI를 출시한 오픈AI와 같은 기업들은 GPT-4와 관련된 세부 정보의 공개를 거부하고 있고, 오픈AI조차도 여전히 연구가 진행 중인 상태로 보인다.

AI 기술이 이미 시장에 출시되어 누구나 사용할 수 있게 되면서 인류는 AI가 가져올 편리한 세상을 기대하고, AI와 함께하는 더 지능적이고 문명화된 사회를 건설할 수 있기를 바라고 있다. 그러나 한편으로는 아직 풀리지 않은 블랙박스의 비밀과 설명 가능성의 문제에 대해 더 많은 경각심을 가져야 한다.

마무리 핵심 포인트

2024년은 로봇 산업이 폭발적으로 성장한 해이다. AI와 물리적 세계의 결합이 현실화되었고, 할리우드 영화에 등장하던 로봇이 정말 우리의 일상 속으로 걸어 들어왔다. 나는 스마트 어시스턴트, 로봇과 의료 등 세 가지 분야에서 AI가 곧 중대한 변화를 몰고 올 거라고 본다.

구글, 메타, 마이크로소프트 등 빅테크와 오픈AI가 AI 시장 점유율을 두고 대격돌을 벌이고 있고, 이런 경쟁은 AI의 비용을 낮추고, AI의 대중화를 더 빨리 선도할 것이다. 실제로 이것은 산업과 소비자 모두에게 좋은 일이다.

대부분 국가의 기업 환경은 실리콘밸리와 다르고, B2B 기업의 비중이 가장 크며, 고객의 수요를 확인한 후에야 제품을 개발한다. B2B 기업은 초대형 AI 기초 모델을 발전시킬 필요가 없고, 차라리 적절한 수직적 응용 프로그램을 찾아내는 편이 낫다. AI를 기존의 상업 모델과 통합시키는 것이야말로 그들에게 가장 유리한 선택이다.

AI 시대 생존 전략

펴낸날 2025년 2월 10일 1판 1쇄

지은이 세가 쳉 **인터뷰 정리** 샤오위핀
옮긴이 홍민경
펴낸이 김영선, 김대수
편집주간 이교숙
책임교정 정아영
교정·교열 나지원, 이라야, 남은영
경영지원 최은정
디자인 검정글씨 민희라
마케팅 신용천

펴낸곳 더페이지
주소 경기도 고양시 덕양구 청초로 10 GL 메트로시티한강 A동 20층 A1-2002호
전화 (02) 323-7234
팩스 (02) 323-0253
홈페이지 www.mfbook.co.kr
출판등록번호 제 2-2767호

값 18,800원
ISBN 979-11-94156-11-6(03190)

더페이지와 함께 새로운 문화를 선도할 참신한 원고를 기다립니다.
이메일 dhhard@naver.com (원고 투고)